作者夫婦與在美內外孫於洛城哈崗寓所後院合影

作者小傳

周伯達　別號濱聞，湖南人也。一九一七出生於華容彭家橋。童年就傳在先祖父督促下，熟讀四書五經。三三年入岳郡聯師，卒業後，復入省立衡山師範。抗戰軍興之翌年，棄文習武，參加抗日戰爭。四五年抗戰勝利，積功升陸軍中校，四九年晉升上校，隨軍至台灣，五六年退役，從事中國哲學暨三民主義哲學之研究。六〇年代初期，進入三民主義研究所任研究員，後編入中國國民黨中央黨部，歷任設考會組工會總幹事。八二年十二月，於生產事業黨部書記長職務內屆齡例退，旋移居美國洛杉磯（L.A.）哈仙達（Hacienda Heights）。著有：心理作戰綱要、兵學與哲學、孔孟仁學原論、周易哲學概論、心物合一論、中國哲學與中華文化、介石先生思想與宋明理學、中山先生思想與中華道統、近卅年的中國（民國卅九年至六十九年之回顧與前瞻），什麼是中國形上學（儒釋道三家形上學申論）等書，九八年將有關哲學著作七種，統一刊行，名曰濱聞哲學集刊。夫人施秀芳，二二年出生於江蘇海門中央鎮，日本靜岡藥科大學畢業，從事教育工作數十餘年，退休後，一同移居美國。

濱聞哲學集刊總目

本集刊是三代以後，對中國哲學認識最深、最廣、最正確，更具啓發性之著作，凡喜愛中國哲學，而願升堂入室，以見得此心之仁，證得人之本來面目者，允宜人手一集。

濱聞哲學集刊之一

孔孟仁學原論

本書是從仁之本身對孔孟仁學，作哲學的解讀，確能發明其原義，與注疏家釋仁，截然不同。民國五十三年初版，原名「孔孟仁學之研究」，茲重加整理，并改今名後再版刊行。

濱聞哲學集刊之二

周易哲學概論

本書從「怎樣讀周易」，說到「卜筮之學」，說到「虞翻之消息」、「焦循之旁通」，以及邵子先天易學與「來氏易」等等，是詳述周易哲學與象數之學。民國五十四年完成初稿，藏之篋中卅餘年，茲稍加整理後刊行。

濱聞哲學集刊之三

心物合一論

本書分爲導論，物之分析，心之分析，心物之合一，心物與人生及結論等六篇，是從物與心之分析，而說到心物「二者本合爲一」，以證明「精神與物質均爲本體中的一部份」。民國四十六年完成初稿，民國六十年初版發行。茲稍加整理，再版刊行。

濱聞哲學集刊之四

什麼是中國形上學——儒釋道三家形上學申論

本書對於儒釋道三家之本體哲學，宇宙哲學與認識哲學，皆有極深而研幾之描述，以期真能表達中國形上學究竟是什麼?因本書涉及中國哲學之全部，故可視爲中國哲學概論，亦可視爲中國哲學史簡編。自一九八三年開始執筆，迄九四年完成初稿，約五十萬言，茲特再加整理後刊行。

濱聞哲學集刊之五

中國哲學與中華文化

本書係收集民國五十年代至六十年代，有關中國哲學與中華文化之拙著編輯而成，多已在學術刊物發表，其中「中華民族文化與世界之未來」一篇，原編入臺北幼獅書店「青年理論叢書」，曾於民國五十八年六月初版印行。

濱聞哲學
集刊之六

介石先生思想與宋明理學

蔣介石總統，喜好哲學，嚮往道統，服膺中山主義，傳承宋明理學，皆頗有所得。本書係說明蔣總統在哲學思想、政治思想與教育思想等三方面，對宋明理學之貢獻。民國五十五年十月三民主義研究所初版，原名「總統思想與宋明理學」，茲稍加整理，并改今名後再版刊行。

濱聞哲學
集刊之七

中山先生思想與中華道統

本書是本於學術的立場，對中山思想作哲學的解讀，以明瞭其思想淵源，并及其全體大用。一九七八年五月初版，曾獲是年中山學術獎，原名「三民主義之哲學基礎」。茲特重加整理，并改今名後再版刊行。

濱聞哲學集刊之一

周伯達著

孔孟仁學原論

臺灣學生書局印行

再版序言

本書原名「孔孟仁學之研究」，一九六四年七月初版。茲將初版附錄一「略論人心與道心」一文，稍加增刪，易名爲「人心道心與仁心」，作爲本書「導論」。又將原書上篇「論語論仁之研究」，下篇「孟子論仁之研究」，易名爲「孔子仁學原論」與「孟子仁學原論」。另增「申論」，以申述「孔孟仁學是開萬世太平之學」。原附錄二仍作爲附錄。於是，本書除新增申論一篇外，其餘導論一篇，原論兩篇，在內容方面，與初版相較，僅略有增刪。但是，對於孔孟仁學，卻更能發明其原義，故改名爲「孔孟仁學原論」。

一九九六年十一月華容**周伯達**於洛杉磯哈崗寓所

第一版原序

本書是集論語論仁之研究，孟子論仁之研究，及有關之附錄而成。分爲上下兩篇及附錄等三部份。正確的名稱，應定爲「論語孟子二書中所有論仁各章之研究」。我們之所以名之爲「孔孟仁學之研究」，乃因爲孔子與孟子之仁學，實不外於論語孟子二書中所有論仁各章之所論述者。

就論語中所有論仁各章之所論述者而言，則知孔子之仁學，雖祇是著重於實踐仁之方法，要領，以及仁之造其極的境界與必需之條件等之論述，而極少涉及仁究竟是什麼？但是，我們若誠能識得「吾道一以貫之」的「一」是什麼？而且，亦真的不是臆測或誤解，則我們便真能識得孔子所謂之仁。孔子所謂之仁，不是僅從字面的解釋便能說得清楚；亦不是僅從表象的或感性範圍裏的意義便足以盡其意義的。欲懂得孔子所謂之仁，必須要懂得孔子所謂之性與天道是什麼？欲懂得孔子所謂之性與天道是什麼？必須要懂得孔子哲學的宇宙論或本體論。孔子所謂之仁，是本於他自己的哲學而實踐在人生方面者。因此，孔子之仁學，必有其一貫的理論的體系。此所以孔子之道，是「一以貫之」的。因其是「一以貫之」的，此所以孔子所謂之仁，必是基於他的世界觀而講他的實踐哲學。

有些人，以爲孔孟之仁學，祇是些屬於道德方面的教訓而已，根本不能算是一種哲學。

黑格爾（Hegel）即認爲中國哲學是不屬於哲學史。這類誤解之所以形成，可從兩方面來說明之：第一，我認爲孔子與孟子都是太不愛求解釋了。孔子曾說：「民可使由之，不可使知之。」自五四以來，有很多人常本於孔子此所說的而咒罵孔子乃擁護愚民政策之頑固落伍份子。實際上，孔子這兩句話的意義是說：一般人可以使之依此理之當然而行，但無法使之知其所以然。即以孔孟之仁學來說，一般人是無法純從知解方面而知其究竟的。因爲儒家認爲，我們人之本性，若果是毫無虧欠的而表現爲人之行爲，則便是仁之實踐。此所以儒家的實踐仁之方法，必是建築在形而上之體系上的。這當然是許多人「不可使知之」的。但是，若誠能有志於仁而又誠能毋自欺的照著孔孟所講的屬於道德方面的教訓來實踐，則便可以求仁而得仁。若誠能求仁而得仁，則便能真知仁是什麼？所謂譬如飲水，冷暖自知。這即是說，從仁之實踐中是可以真知仁是什麼，而毋須愛求解釋，亦當然可以不必「愛智」。這可能是孔孟哲學被許多人誤解爲祇是些道德教訓的最主要原因。第二，一般注疏家，他們都不懂得哲學。他們只知道從字面的意義而尋求「一以貫之」之解釋。他們亦有些非常精緻的見解。但是，孔孟哲學，卻在他們手裏被弄死了。我可以這樣的說，我們中國哲學，在有清一代，不僅是沒有得到正當的發展，而且是被「皇清經解」的那些注疏家們弄得支離破碎而死了。因此，我們欲真能懂得孔孟的仁學，是祇有繼承宋明理學家的路數而復活孔孟的哲學。

有些人，認爲宋明理學，并不就是孔子或孟子的哲學。此說，若以爲宋明理學是繼承了孔孟哲學而另有他們自已的主張，這是不錯的。若以爲宋明理學與孔孟哲學是不相類的，則便是莫大的誤解。清初大儒，如亭林船山諸先生，或認宋明理學，是「以明心見性之空言，代修己治人之實學」；或竟認姚江王氏，乃「陽儒陰釋誣聖之邪說」。這都是不大公允之批評。宋明理學末流之弊，確是無可諱言的。但是，因此便認定理學不是繼承孔孟哲學，若非意氣用事，則便是對於孔孟哲學之無知。祇要我們認爲孔子與孟子都是哲學家；祇要我們認爲孔子的哲學，是基於他的「性與天道」而歸結於道德的實踐；則我們便知孔孟的哲學，與宋明理學的路數，決不是不相容的。而且，宋明理學之言心言性，亦決非與清初諸大儒之「實學」不相容。至於理學末流之變成野狐禪或迂腐而頑梗不化，此并非理學本身之弊。我們又何可因噎而廢食。於是，我們繼承宋明理學的路數以復活孔孟的哲學而闡明孔孟的仁學，在基本態度上應是決對不錯的。因此，凡對於孔孟仁學，祇從文字訓詁音韻等而逐字逐句作爬梳引申之工作，或祇從字句的表面而作旁徵博引之工作，我們都是未便完全贊同的。這當然不能說是漢宋之爭的延長。這祇能是說，孔孟的仁學，究竟是不是一種哲學。

因爲我們認爲孔孟的仁學是一種哲學。所以本書乃歸納論語與孟子所有論仁之各章而作一哲學的自成體系之研究，以說明孔子所講之仁的真義；并因而說明孟子乃是本於孔子的哲學而陳述他的實踐仁之經驗，以及他所主張的仁政，與他所具體指出的仁之內容。孟子是真能傳孔子之仁學而予以發揚光大的。就論語所有論仁之各章而言，孔子多是著重於實踐仁之工夫的論述；然而好學深思之士能心知其意者，則知此決非只是些屬如道德方面的教訓而已。因爲孔子所謂之仁，其本身就是「一」或普遍，而不是如一般人所認爲的祇是一個德目。至於孟子，則是本於孔子的哲學，且從仁義的觀點，而發爲民貴君輕之說，主張實行愛民利民之仁政，希望在經濟上達成「使有菽粟如水火」之目的。同時，孟子雖反對戰爭，但對於衡行於天下的殘民以逞之專制暴政，則有「恥之」的心理，而贊成吊民伐罪的「義戰」。不過，孔孟之遺書，既不是一偉大的神話，也不是爲滿足愛求解釋的癖好而建構了一非常精緻的理論系統；所以，一方面是缺乏吸引人的魔力，一方面也被人誤解不能算是一種哲學。本書之作，是希望能減少某些人對孔孟仁學之誤解。這當然是不免於愛求解釋。但是，我們既將孔孟的仁學當作一種哲學來研究，必要的解釋，確是不可少的。

我們仍須略作進一步陳述者，即我們祇是繼承宋明理學的路數，而不是完全照著宋明理學的路數。因此，我們對於宋明理學，仍然採取批判的態度，而不是採取完全接受的態度。我們認爲，對任何一種思想，若祇是採取完全接受的態度，勢必會成爲思想上的怠惰者；而且，凡是一種比較正確的思想，是會在不斷的批判之下而愈見其光芒萬丈；於是，本書所講的孔孟仁學，也可以說祇是照著我們自已的系統而講的，而不是完全照著已往的任何一種哲學系統而講的。

最後，我們仍須略作陳述的，即孔孟所主張之仁政，是與馬克思的各盡所能，各取所需的共產主義，有著本質上的不同。共產主義的實現，確是太難了。共產主義與儒家思想確是不相類的。從三民主義的基本精神來說，實可以說是承繼了并發揚光大了儒家的思想。孫中山先生亦可謂能善繼孔孟之志者。關於這些，在本書下篇中，皆有較爲清楚之論述。因此，本書之作，固在於闡明孔孟哲學之真髓及其表現在政事方面之基本精神；然亦是從根本上提供了實踐仁政的理論及較爲具體的主張；若能有益於今日之世局，則知孔孟仁學，不僅不祇是些道德的教訓，而且也是一種講治平之理的政治哲學。

中華民國五十三年青年節**周伯達**於基隆七堵

濱聞哲學集刊之一

孔孟仁學原論

目錄

乙、上篇：孔子仁學原論……二五

丙、下篇：孟子仁學原論……八一

甲、導論：人心道心與仁心

一、前言

人心與道心之說，首先見於尚書與荀子。尚書大禹謨云：「人心惟危，道心惟微；惟精惟一，允執厥中。」荀子解蔽篇則說：「昔者舜之治天下也，不以事詔而萬物成。處一危之，其榮滿側；養一之微，榮矣而未知。故道經曰：人心之危，道心之微，危微之幾，惟明君子而後能知之。」大禹謨所說的「人心惟危」四句，即宋代以來的儒者所謂之十六字心傳。有人認爲這十六字心傳，乃東晉梅頤本於荀子解蔽篇此所說的而竄入者。我們姑不論大禹謨是否爲僞書；然而人心道心之說，確有助於「允執其中」的意義之發明；而「允執其中」，則似乎確是堯以命舜，舜亦以命禹的。最低限度，這應是公天下的禪讓的政治學說的最精微之處。也可以說，這應是行仁政或近代的民主政治所必須具備的中心思想。

然則何謂人心與道心？孔穎達正義說：「居位則治民，治民必須明道；故戒之以人心惟危，道心惟微。道者經也，物所從之路也。因言人心，遂云道心。人心惟萬慮之主，道心爲衆道之本。立君所以安人，人心危則難安；安民必須明道，道心微則難明。將欲明道，必須精心；將欲安民，必須一意。故以戒精心一意，又當信執其中，然後可得明道以安民耳。」孔氏此說，是謂人心即民心；主政者，應明道以安民，此說可通。至其所謂道心，則是指「萬物所從之路」之本；此說雖大致不差，卻未能說明人心與道心究竟是什麼。又蔡九峯書經集傳云：「心者，人之知覺，主於中而應於外者也。指其發於形氣者而言，則謂之人心；指其發於義理者而言，則謂之道心。人心易私而難公，故危；道心難明而易昧，故微。惟能精以察之，而不雜形氣之私；一以守之，而純乎義理之正。道心常爲之主，而人心聽命焉。則危者安，微者著，動靜云爲，自無過不及之差，而信能執其中矣。」九峯此說，是師承朱子而較孔氏之說爲清楚的。不過，其所謂發於形氣與發於義理者，雖在於區別人心與道心，實亦略有語病；且其所謂「道心常爲之主，而人心聽命焉」，亦更是大有毛病的。王陽明傳習錄上有云：「愛問，道心常爲一身之主，而人心每聽命，以先生精一之訓推之，此語似有弊。先生曰、然。心一也。未雜於人，謂之道心；雜以人僞，謂之人心。人心之得其正者即道心；道心之失其正者即人心，初非有二心也。程子謂人心即人欲，道心即天理，語若分析，而意實得之。今曰道心爲主，而人心聽命，是二心也。天理人欲不并立。安有天理爲主，人欲又從而聽命者。」陽明先生此說，是謂本心即道心；若本心而雜有人僞，則就是人心。人心與本心是不并立的。此自然較朱蔡之說爲清楚。但是，若不懂得什麼是本心，則仍然無法懂得什麼是人心與道心。

二、心是什麼

現在我們應進而研究心是什麼？所謂心是什麼？其意義應是說、心之本來面目是什麼！亦即是本心究竟是什麼？照以上陽明所說的看來，所謂本心，即是純乎天理而未被人慾所薰染之心。一般人認為，也或者說，人慾是銅鏡的塵垢，必須將銅鏡磨刮得乾乾淨淨，才真能見到銅鏡的本體；也或者說，人慾是類似水中之渣汁，必須將水中之渣汁去得乾乾淨淨，才真能見到水的本體或鏡的本來面目，即是人之本心；而所謂渣汁或塵垢，則是人之私慾。此種比擬的說法，雖可有助於對本心之認識，但究竟未能說出什麼是本心。因為水與鏡雖似本心；但事實上，水與鏡仍然祇是水與鏡。此禪宗六祖之所以能得到黃梅衣缽，而神秀則不能得到五祖真傳的最主要原因。再者，禪宗懷海大師，曾侍馬祖行次，見一羣野鴨飛過。馬祖曰：是甚麼？懷海曰：野鴨子。馬祖曰：甚處去也？懷海曰：飛過去也。馬祖遂回頭，將懷海鼻孔用力一搊，懷海負痛失聲。馬祖曰：又道飛過去也。懷海於言下有省。禪宗的這件公案是說明了什麼呢？這意義是說，人之感官所覺知的乃是一種妄見，不能以妄見當作本心；而所謂本心，則須自了自識。所謂譬如飲水，冷煖自知；非自識是絕對不能識得本心的。百丈懷海大師是被馬祖將鼻孔一搊而悟得本心，這即是悟得了看見野鴨子飛去過者是誰。我們認為，本心確須自了自識；但是，若真能識得本心；則知各種比擬的說法，而是比擬得恰到好處的；雖似是而非，實亦似非而是。照這樣說來，我們雖不一定識得本心；但本心必是純淨無瑕而一塵不染；或者說，本心必是既寂寂而又惺惺。永嘉禪師有云：「恰恰用心時，恰恰無心用。無心恰恰用，常用恰恰無。夫念，非忘塵而不息；塵，非息念而不忘。塵忘，則息念而忘；念息，則忘塵而息，忘塵而息，息無能息；息念而忘，忘無所忘。忘無所忘，塵遺非對；息無能息，念滅非知。知滅對遺，一向冥寂，闃爾無寄，妙性天然。如火得空，火則自滅。空喻妙性之非相，火比妄念之不生。其辭曰：忘緣之後寂寂，靈知之性歷歷。無記昏昧昭昭，契本真空的的。惺惺寂寂是，無記寂寂非。寂寂惺惺是，亂想惺惺非。」（見永嘉禪宗集正修止觀第八）這就是說，亦惺惺，亦寂寂，才是本心。這是永嘉洞見本心後對本心之描述；同時，也是說明了如何才能識得本心。

以上是禪宗所謂之本心以及其如何才能識得本心之方法。禪宗認爲，凡存在的一切現象，皆是受了感官的欺騙而所生的妄見。例如我們見一羣野鴨飛過，若以爲就是一羣野鴨飛過，則就是妄見。此馬祖之所以要搊百丈的鼻孔而令其自悟。而且，要能體悟到是「本來無一物」之寂寂，且又是「靈知之性歷歷」，而體悟到亦惺惺、亦寂寂，這才是真的認識了本心。所以禪宗所謂之本心，是空一切現象後才能識得。茲暫不論禪宗識得本心之方法是否完全正確，而祇就禪宗所描述之本心言，他們大致是從本心之本來面目或功能而說明什麼是本心。這等於對沒有見過雪的人說雪像白糖，不過是不甜而又冷冰冰的。這祇是予以比擬并加以解釋而已。我們認爲，欲能說明什麼是本心，應先識得什麼是本體。禪宗是以本心作本體。這是他們未識得此體之全。因爲他們洞達本體的方法，既是空象顯體；所以，當其以心觀體時，實際上即是以心自觀；於是，便祇覺到萬象皆空，惟此虛靈不昧之良知獨耀，而誤認爲此心即此體。這祇是從修養的方法及其所達到之修養境界而說的。若從此體之全而言，則此心祇是此體之一方面。不過，他們的此種空一切現象而洞達本體之方法，當他們已心證得是洞達本體時（即馬祖所說的你深明昨日事），則他們確是已識得本心。也就是說，凡深造有得之佛教徒而識得本心者，其對於本心之描述，皆是大致不錯的。但是，欲真能說明什麼是本心，仍須從什麼是本體說起。我們認爲，欲能說明什麼是本體，須對於「體用一原」及「稱體顯用」之說，有簡要的說明。所謂「體用一原」或「稱體顯用」，這意義是說，用是稱體之所有而有的；也就是說，用是體之現顯。熊十力先生所謂之大海水顯現爲衆漚（見熊著新唯識論），這譬喻是很好的。這就是說，這宇宙萬象或一切的存在，皆是此體稱其所有的呈現。因爲用是稱體而顯現的；而且，事實上是已如此的顯現爲用（即事實上是有我們通常所謂之存在）；所以此體必是事實上有顯現爲如此之用的可能。照這樣說來，我們當可以說，此體是有顯現爲如此之用的可能。然則此體是如何顯現爲用呢？照易繫辭所說「是故易有太極」這一段看來，則此體必是由無而有，由微而著，由隱而顯的以顯現爲用；因此，我們當可以說，此體必是至寂而善動，至無而妙有的。寂無，可以說是體之本然；動有，可以說是體之妙用。本然不可思議，妙用有可形容，就此體之不可思議及有可形容者而言，此體必是寂無而動有的。佛教徒即是以此寂無而動有之作用名之曰心或本心。永嘉大師所形容的，馬祖令百丈識得的，皆祇是指此寂無而動有之本體的作用而言；然而若將此寂無而動有的本體之本身名之曰心，則是一顯然的錯誤。因爲就此體是事實上有顯現爲如此之用的可能而言，則此體不僅是能依照的，亦且是能依據的。此所謂能依照的，即宋明理學諸大師所謂之理，禪宗諸大師所謂之心或本心，我們特名之爲天命，是謂本體乃天然的具有此種命令。此所謂能依據的，即宋明理學諸大師所謂之氣，熊十力先生所謂之功能，我們特名之為天能，是謂本體乃天然的具有此種功能。就本體是天然的具有此種命令而言，我們說本體之顯現為用，不是盲目的；因其不是盲目的，所以本體是有知的；此本體之知即是心或本心。就本體是天然的具有此種功能而言，我們說本體之顯現為用，不是虛假的；因其不是虛假的，所以本體是實踐的；此本體之實踐即是行，亦可名之為物。陽明先生的知行合一之說，須從此等處理解，才比較真切。這就是說，本體是知與行的合一，亦就是心與物的合一；而且，本體之行，是就其所應該行的而恒行不已。易曰：「天行健」，其意義亦應是如此。但是，我們仍須作進一步陳述的，即是此恒行而有知之本體，當其顯現為用時，必有一陰一陽之兩種勢用現起；此一陰一陽之兩種勢用，乃顯現為分殊的包羅萬象的存在。於是，我們當可以說，此分殊的大用，亦祇是此有知而恒行的本體，是表現為一陰一陽兩種勢用。為易於明白起見，我們特就原子之所以為原子而簡略的說明之。凡對現代物理學稍有認識者，則知原子之所以為原子，乃是陰電子而繞核子運動；或者說，乃是陽電子的靜勢與陰電子的動勢的合一；姑不論此種動勢是一種波動或是依軌道而運動。這就是說，此本體之顯現為用，亦祇是顯現了此一陰一陽的兩種勢用而已。這就是存在的本相。也就是馬祖是搊百丈鼻孔的原因。不過，禪宗是以存在之本相名之曰心，我們卻認為是心與物的合一。蓋我們是以此健進的陽之勢用名之曰心，是以此收凝的陰之勢用名之曰物。此勢用本是一，但當其顯現為存在時，則有心與物之現象可說。至此，我們應知，通常所謂之心物，不是實有某種東西而可單獨的名之為心或物者。蓋我們離去收凝的陰之勢用即看不到健進的陽之勢用；同樣的，我們若離去健進的陽之勢用，亦便不能看到收凝的陰之勢用。我們實可以說，健進的勢用是收凝的勢用之發揚，收凝的勢用則是健進的勢用之凝聚。本體是有此健進的與收凝的勢用之可能而已。我們之所以說心物是合一的，其故即在於此。同時，此心與物雖都不是實在的，但此心物合一之體則必是實在的。蓋我們若承認本體是實在的，則此稱體而顯現之用亦必是實在的。這是我們和禪宗諸大師之說有根本不相同的地方，不過，他們對於此本然之知的描述，亦即是對本心的描述，仍是大致不錯的。

我們仍須略爲陳述的，就形而上言，此體是凝聚的與發揚的勢用之合一，亦即是理與氣的合一；所以我們說本體是可依據的而又是可依照的。若就形而下言，則此本體的發揚的勢用是顯現爲能，此凝聚的勢用是顯現爲質；所以此能與質亦必是合一的。相對論者認爲能質可以互變，其故當在如此。照這樣說來，則通常所謂之人心，實祇是此本體的發揚的勢用因凝聚的作用而現顯爲能量與質量，并由於能量與質量的合作以形成一種物理結構，此種物理結構所產生的一種具有本然之知的能量形式而能主於中以應於外的，則就是人心；此所謂之人心，亦就是人之本心。陽明先生之所以說「心一也」，應是指此種具有本然之知的能量形式而言。於是，什麼是心或本心，我們應已是非常明白的。若真能明乎此，則依據行爲心理學派而說人類的知識祇是由刺激到反應的整個歷程的一個特徵，是不足以爲唯物論張目的。因爲人類之知，雖不是別有一種單獨存在的心所發生的一種作用；然而此種作用則是此本體之知藉我們的官能而顯現的。若真能明乎此，則心理學上許多未能圓滿解答的問題都可迎刃而解了。

（達按：此是從本體論與宇宙論而謂「心是什麼」？讀者若一時不能理會過來，可以略過，若必須明此心之究竟時，則請仔細推敲而真知其意。）

三、道心是什麼

以上已說明了什麼是心或本心，現應進而說明什麼是道心。照陽明先生的說法，人之本心即是道心。依理，什麼是道心，應是可以不言而喻的。不過，我們以上所解析的心或本心，是側重於此心之本質或屬性而言；至於所謂道心，則是指此心未雜於人僞而所形成之知識而言。孔穎達所謂的「爲眾道之本」；蔡九峯所謂的「發於義理者」，皆應作如是說。惟須特爲陳述的，蔡氏所謂「發於義理者」，似是別有所謂義理之心，所以我們說他有語病。實際上，祇是此本然之知能稱其所有的，亦就是能毫無障蔽的以顯現爲知而已。於是我們所謂之道心，亦即陽明先生所謂之良知。陽明答顧東橋書云：「道心者，良知之謂也」，足見陽明確是謂道心爲良知。惟仍須特爲陳述的，即是此本體之知，實祇是知而已，亦祇是能無所不知而已。所謂本然之知是良知，其意義應是說，此祇是有知而又能無所不知的本體之知乃是一種虛靈明覺。此種虛靈明覺，我們當可以說是毫無渣汁塵垢，而如萬里晴空，光明普照。此萬里晴空，光明普照之照，固可以說是無所不照；然而此光明普照之照，若除去各種光波的波長，則必是有照而無照。而且，此光明普照之照，若果有所照，則必是因有所照而有所遺。月印萬川之說，亦祇是因情見作用而所生的一種妄見；蓋本體之知，必是無內無外，無彼無此，而渾然一體的。禪宗所謂之亦惺惺亦寂寂，這確是描述得很確切的。我們認爲，欲識得本然之良知，應識得永嘉所謂的「忘緣之後寂寂，靈知之性歷歷」是一種什麼光景。也或者，應識得金剛經所謂的「無所住心」又是一種什麼光景。此種光景，即是本然之知的光景，亦即是本心之作用。此種光景或作用，必是無內無外，無彼無此，而渾然一體的，茲不妨舉例以明之。據傳唐憲宗時有南陽慧忠國師者，曾問一大耳三藏說：「聞汝有他心通，是否」？此大耳三藏說：「不敢」。國師說：「今汝試觀吾心在何處」？大耳三藏說：「國師何得在天津橋上看水」。國師說：「汝試再觀之」。大耳三藏說：「國師何得在某處看山」。但當忠國師入禪定以後，此大耳三藏即不知忠國師之心果何在。莊子應帝王篇亦有此類似之故事。吾人姑不論是否爲佛教徒仿莊子所謂之衡氣機而揑造此一故事，然而此一故事或預言，確是很確切的說明了什麼是「無所住心」。這就是說，祇要此主於中而應於外的人之知覺，若果是完全光明而毫無渣汁，則便能與此寂靜而動有之本體融而爲一。凡肯內省而有過完全忘我的體驗，且自覺到是與宇宙融而爲一的人，必能體會出「寂而常照」或「無所住心」是一個什麼光景。我們認爲，凡有過此種感覺的人，在當時是必然地會感覺到，古往今來，聖賢仙佛，已皆是與我融而爲一；而自然而然的產生出一種浩然正氣或大無畏精神。而且，祇有此時所體會到的浩然正氣或大無畏精神，才真的是浩然正氣或大無畏精神。許多深造有得之佛教徒，如近代之虛雲和尚等，必皆是有過此種體驗的。然而佛教徒總是喜歡以息念忘塵而保任此種體驗，是亦耽空滯寂而作光景玩弄而已。這是儒家所絕對不取的。至於有些佛教徒認爲，若能生無所住心，則便能無所不知，亦便能無所不能。這真是墮入千重迷霧的一種妄見（釋迦牟尼所謂墮入阿鼻地獄，應即是墮入千重迷霧）。有佛教徒問難曰：即以你所知的虛雲大師來說，他於光緒二十一年在楊州高旻寺時，曾於一個晚上，開目一看，忽見大光明如同白晝，內外洞澈。隔垣見香燈師小解，又見西單師在圊中，遠及河中行船，兩岸樹木種種色色，悉皆了見。他第二天曾詢問香燈及西單，果皆不錯。這還不足以證明「無所住心」是無所不知嗎？對於此問我們答：我們姑不論此事之真假，我們祇說，若「無所住心」是如此的一種知，則「無所住心」仍然祇是一種魔境而應該墮入阿鼻地獄的。楞嚴經對此種因想久而化成的境，雖是善境界，若作聖解，即墮地獄，已有極爲透闢的辨說，這是無須多所費詞的。相傳釋迦牟尼初成正覺，曾歎曰：「奇哉！奇哉！大地眾生，無不具有如來智慧德相。」雲門禪師說：「若我當時在座，當一棒打殺與狗子喫，貴圖天下太平。」雲門禪師的這種氣概，才真能生無所住心的。因爲「寂而常照」，必是空一切現象才能體會得出的。這是許多迷信未能除淨的佛教徒所無法理解的。老子曰：「生而不有，爲而不恃，長而不宰，是謂元德。」老子所謂之元德，實即我們所謂之本心或道心。道心確是「生而不有」的，因爲事實上亦祇是一種虛靈明覺而無所謂有的。唯心論者以本心當作本體，這確是一種莫大的錯誤，蓋本體不僅是能依照的，亦且是可依據的；而本心則祇是能依照而已，亦祇是本體所顯現之功能而已。若能依照而不失其正，則就是道心。識得道心，何至於會具有如佛教徒所謂之神通？有識之士，這是可以不言而喻的。

陽明先生曰：「聖人無所不知，只是知箇天理。無所不能，只是能箇天理。聖人本體（達按：指此心之本體而言，下同）明白，故事事知箇天理所在，便去盡箇天理。不是本體明後，卻於天下事物，都便知得，便做得來也。天下事物，如名物度數，草木鳥獸之類，不勝其煩。聖人須是本體明了，亦何緣能盡知得。但不必知的，聖人自不消求知；其所當知的，聖人自能問人。如子入太廟每事問之類。先儒謂雖知亦問，敬謹之至，此說不可通。聖人於禮樂名物，不必盡知，然他知得一箇天理，便自有許多節文度數出來，不知能問，亦即是天理節文所在。」（見王陽明傳習錄下）又曰：「堯命羲和，欽若昊天，曆象日月星辰，其重在於敬授人時也。舜在璿璣玉衡，其重在於以齊七政也。是皆汲汲然以仁民之心而行其養民之政。治曆明時之本，固在於此也。羲和曆數之學，皋契未必能之也，禹稷未必能之也。堯舜之知，是不偏物，雖堯舜亦未必能之也。」（見傳習錄中）這真是暮鼓晨鐘，深足以使愚玩者驚醒，亦足以使自命爲得道之聖者深省的。儒家之學，平易而切實近人；於陽明先生此所說的，已自可概見了。若因此而說儒家不明體，這真是自欺欺人而應該打入阿鼻地獄的。

然則儒家所謂之道心究竟是什麼？我們已說過，道心即陽明所謂之良知。其他如大學所謂之明德，孟子所謂的浩然之氣，也都可以說即是道心。不過，我們仍須特爲陳述者，即道心雖然就是本心；但本心應是指其未發，而道心則是指其已發。我們若將本心與道心而明白的區別之，則本心即是中庸所謂的未發之中，而道心則是「發而皆中節」之和。中庸曰：「喜怒哀樂之未發，謂之中；發而皆中節，謂之和。中也者，天下之大本也；和也者，天下之達道也。致中和，天地位焉，萬物育焉。」何謂本心與道心，這是說得非常明白的。過去，我們對於「不偏之謂中」，雖似乎懂得，實際上卻并未懂得。因此，我們對於許多幼稚無知的激進份子（此所謂幼稚，不一定是指其年輕而言，乃是指其識見淺薄而如幼稚者言；此所謂激進份子，當然是包括左傾份子，但不祇是指左傾份子而言）之反對中庸之道，有時亦不覺得他們真是幼稚而無知。

蓋我們亦曾誤以爲中庸之道，乃是一種保守思想；即我們亦曾將中庸之中作中間之中或折中之中講。後來雖亦覺得自己的理解確有錯誤，但仍然認爲中就是讀去聲之中，如射擊之命中；或者就是集中之中，如物體之重心等。這些說法，都是不能有恰於心的。因爲這完全祇是向外追求的結果，也完全祇是在文字裏兜圈子的結果；所以，我們欲真能識得中庸之中，須深自體察而識得未發時之氣象。什麼是未發時之氣象，此即是前面我們所說的「寂而常照」或「無所住心」的光景。陸澄曾問陽明先生：「曰、澄於中字之義尙未明。曰：此須自心體會出來，非言語所能喩。中只是天理。曰、何者爲天理。曰、去得人欲，便識天理。曰、天理何以謂之中。曰、無所偏倚。曰、無所偏倚，是何等氣象。曰、如明鏡然，全體瑩徹，略無纖塵染著（達按，若能體會「寂而常照」之光景，則知此喩甚當）。曰、偏倚是有所染著。如著在好色好利好名等項上，方見得偏倚。若未發時，美色名利，皆未相著，何以便知其有所偏倚。曰、雖未相著，然平日好色好利好名之心，原未嘗無。既未嘗無，即謂之有；既謂之有，則亦不可謂無偏倚。譬之病瘧之人，雖有時不發；而病根原不曾除，則亦不得純謂之無病之人矣。須是平日好色好利好名等項一應私心，掃除蕩滌，無復纖毫留滯，而此心全體廓然，純是天理，方可謂之喜怒哀樂未發之中，方是天下大本。」（見傳習錄上）這一段話，真是再懇切沒有的。要真能懂得這一段話，才真能懂得不偏不倚。淺見之流，以中庸之道乃是一種保守思想；或竟誤認爲乃今日國際間的中立主義。這真是「道之不明也」久矣。在今日而尙有不肖之徒，鼓其如簧之舌，以詆毀中庸之道，并自命是得風氣之先，這真是癡人說夢。

照以上所辨說的看來，則知深造有得之佛教徒而耽空滯寂，是「賢者過之」；至於某些自命爲得風氣之先而不識此未發之中者，則爲「不肖者不及」。爲明斯道，此某之所以不得已而詳爲辨說的。再者，照以上所辨說的看來，我們若果能識得未發之中，則便能識得道心而無疑。所以，堯曰篇所說的「永執其中」，其意義應是說，吾人須識得此未發之中而永矢弗渝。這當然應能精以察之，一以守之；俾能將極細微之偏倚去盡而得以「永執其中」的。我們之所以說人心道心之說，確有助於「允執其中」的意義之發明，其故即在於此。

四、人慾是什麼

以上我們已說明了什麼是本心與道心；而且也說明了這二者的區別；同時，也駁斥了與本問題有關的幾種妄見。現在我們應進而說明什麼是人慾。照佛教徒或唯心論者的看法，凡人心所顯現之見聞覺知，全都是人慾。佛家自小乘以來，即有眼、耳、鼻、舌身等五根之說，此五根亦總名根身。熊十力先生認爲根身乃「生命力之健進所構成的一種機括」；亦即「生命力所自構之資具，而藉之以發現自力」者。他認爲「是介乎心和物之間的一種東西」（見熊著新唯識論，商務印書館版）。熊氏此說，深有未妥。蓋根身應是從刺激到反應的整個歷程之總稱。牠應是包括感覺（Sensation）與知覺（Perception）等各種作用的。牠當然不是介乎心和物之間的一種東西。我們在討論心是什麼時，曾指出，由於能量與質量的合作所形成的一種物理結構，其所顯現的一種具有本然之知的能量形式而能主於中以應於外的，則就是人心；因此，佛家所謂的根身，實即我們所謂的人心。我們姑不論此體之顯現爲用，究竟是刹那乍現的，抑是可以暫存的；然就人這一物理結構而言，通髓澈骨，無內無外，亦莫非此本然之理與氣的合一而所顯現的存在（請覆按前面討論心是什麼時所陳述的）；因此，人之一身，必皆是具有本然之知的。不過，此本然之知，是因人之物理結構而顯現爲人之知而已。此人之知，當然即是人心。這應是無可置疑的。但是佛教徒看來，此心之在人，本無時或息；然其流行於一身之中，必假藉根身以隨感而應。於是，根身乃假心之力用，而幻現爲見聞覺知之靈明。熊十力先生即持此說。其意是謂別有一心而無時或息的在人身流行；但必假藉根身以隨感而應。於是，根身乃藉此「別有一心」之力用，而幻現爲人的見聞覺知之靈明。此說是與我們的看法大有區別的。蓋我們認爲，此無所不知而又是一無所知的本然之知（即所謂「能所皆忘」而「寂而常照」是也），是藉人的這一物理結構而現顯爲人之知；不是人這一物理結構或另有所謂根身者假此本然之知而幻現爲人之靈明。這就是說，人這一物理結構，是這能依照的所依據以顯現其所可依照之能；不是障蔽了此可依照之能而另外幻現爲人之靈明。依「體用一原」及「稱體顯用」之說，而深深體味之，則知此說爲是。照這樣說來，則人之見聞覺知，實就是本體所顯現之見聞覺知；不過，因官能之限制而所知是有限而已。因此，人之見聞覺知而所形成之知識，應是一種真知而不是幻現的。但照佛教徒看來，則人之藉感官而形成之知識，必皆是幻現的；所以他們認爲人之感官的知識，必皆是妄見或人慾。此所以他們看見野鴨子飛過而不能說是野鴨子飛過。同樣的，凡穿衣吃飯，及一切人常日用，亦必都是妄見或人慾。佛家之所以以親屬稱作冤親，其故即在如此。所以他們是主張空一切現象以識體。這是我們與唯心論者有大不相同之處。我們認爲，人之知識，既然是真的而不是幻現的；則人所認爲的山必仍是山，人所認爲的水必仍是水；同樣的，父母、兄弟、姊妹、夫婦、朋友，仍然是父母、兄弟、姊妹、夫婦、朋友。固然，此山與水，以及父母、兄弟、姊妹、夫婦、朋友等，就其本相而言，雖祇是此太極性的（所謂太極性的，是指此稱體而顯現之用的大全而言）一陰一陽的兩種勢用而所顯現爲分殊的一系一系的一陰一陽的兩種勢用而已。用現代物理學的觀點來說，雖祇是一系系的互相重疊的波動；或者說，雖祇是一系系的兩種不相同的有電能的波動的電荷；也或者說，雖祇是一系系的陰電子而繞陽電子作快速而旋迴的運動。但由此系觀彼系，或者研究此系與彼系之關係；則雖然是無所謂青山綠水，或如我們人所見的父母、兄弟、姊妹、夫婦、朋友等。事實上，若稱之爲青山綠水，或父母、兄弟、姊妹、夫婦、朋友，仍應是不錯的。蓋本體既是由寂無而稱其所有的以顯現爲動有之用，此動有則必是有可形容的。於是，乃基於「約定俗成」，以「隨而命之」，這當然不能說是一種錯誤。惟有抹煞別人的觀點而自以爲是，才真是一種偏見。莊子曰：「毛嬙麗姬，人之所美也。魚見之深入，鳥見之高飛，麋鹿見之決驟，四者孰知天下之正色哉。」莊子此說，固足以說明人物之見是各有所偏；但是，卻不能說此四者所見的各都不是一真實的事實。荀子謂莊子蔽於天而不知人，這批評是很允當的。這就是說，若祇識此體之寂無而遺其動有，實亦是蔽於體而不達用。凡有所蔽，雖所知甚真，實亦是一種偏見。因此，陽明先生說「佛氏有箇自私自利之心」（見傳習錄中），卻真是一語道破了，佛氏之徒，之所以視人之見聞覺知爲人慾，確仍然是由於私心自用而所形成的一種偏見。所謂「賢者過之」，是正好用以評斷深造有得的佛氏之徒的。

因為深造有得之佛教徒，雖識得本體是寂無而動有；但由於耽空滯寂而不識得此體是如何的動有；而且，他們為逃避現實而遂其耽空滯寂以永斷煩惱之私；於是乃認為一切的存在皆是幻現。這當然是一種邊見。照這樣說來，吾人若知所緣有同異，而「待天官之當薄其類」（見荀子），以徵知角者吾知其為牛，鬃者吾知其為馬，飛者吾知其為禽，走者吾知其為獸，「固體加熱膨脹」，吾知其為「固體加熱膨脹」；而不因識牛以遺馬，識禽以遺獸；亦不因祇知固體加熱，而不知有膨脹之可能。這當然不是人慾而是一種真知識。因此，看見野鴨子飛過，仍然是看見野鴨子飛過；不過，我們應知，若從此體之本然而言，是「天地，一指也；萬物，一馬也」（見莊子），而無所謂是野鴨子飛過去的。吾人必須有此「天地與我並生而同體，萬物與我同一而為類」之認識；同時也要知道，存在之所以為存在，或我之所以為我，乃皆是順此本體的天然的命令而事實上是有此存在或我。我不是虛假的，存在也不是虛假的。此牛之不同於馬，此禽之不同於獸，此固體加熱之後是有膨脹，卻正是稱體而顯現之用是有分殊。正確的了別分殊，此不僅不是一種障蔽，而且正是良知的作用。佛氏之徒未能達此，此可以說是明體而不達用。也因為他們視此生生不已之過程乃祇是如夢幻泡影，而主觀的遺此過程，此所以是一種障蔽。照這樣說來，我們欲能無障蔽，固須破象以顯體，亦須明體而達用。破象顯體，是如撥雲霧而見青天；明體達用，則是所普照之光明，而正確的了別分殊。明體即是唯一，達用即是唯精；必須唯精唯一，然後才能顯現此心之正而永執其中；亦才能分辨出何者是真知，何者是人慾。人心道心之說，確有助於「允執其中」的意義之發明，於此亦更可概見。

然則人慾究竟是什麼？錢德洪問陽明曰：「良知原是中和的，如何卻有過不及」？陽明先生曰：「知得過不及處就是中和」（見傳習錄下）。照這樣說來，不知得過與不及，便就是人慾。所以人慾，即是人之愚昧而無知。我們已陳述過，人之感官的知識，確是一種有限的知識；此種知識，若是本體之知依此物理結構而所生的一種作用，這當然是一種真知而不是人慾，如知牛之非馬，知此之非彼者即是。此必是「無欲無惡，無始無終，無近無遠，無博無淺，無古無今，兼陳萬物，而中懸衡焉。是故衆異不得相蔽，以亂其倫也」（見荀子）。若「行之而不著焉，習矣而不察焉」；囿於一隅之見而以偏概全，或逞耳目之知而以非爲是，這當然就是人慾。人慾之成，若祇就此心之作用而言，乃此心不能「虛壹而靜」。荀子曰：「人生而有知，知而有志；志也者，藏也；然而有所謂虛，不以所已藏害所將受，謂之虛。心生而有知，知而有異；異也者，同時兼知之；同時兼知之，兩也；然而有所謂壹。不以夫一害此一（按王先謙曰、荀書用夫子，皆作彼字解），謂之壹。心臥則夢，偷則自行，使之則謀；故心未嘗不動也，然而有所謂靜。不以夢劇亂知，謂之靜。未得道而求道者，謂之虛壹而靜。」這就是說，凡以所已藏而害將受，以彼一而害此一，以愛劇而亂知，這就形成了人慾。至於此心何以會不「虛壹而靜」？則必是因欲惡、始終、遠近、博淺、古今等之爲蔽而使此心不得其正，大學所謂「身有所忿懥，則不得其正；有所恐懼，則不得正；有所好樂，則不得其正；有所憂患，則不得其正。心不在焉，視而不見，聽而不聞，食而不知其味。」這是說得非常明白的。這就是說，因此心爲忿懥、恐懼、好樂、憂患之情所蔽，而使心不在焉，以致此心不得其正，而使此心失去了「虛壹而靜」之作用；於是，便形成了人慾。所以人慾之形成，祇是此心為喜怒哀樂之情所蔽，而不知過與不及。這就是罪惡之源，亦就是愚昧無知之始。我們曾說本心就是中，道心就是和，不中不和，當然就是人慾。所以人慾固不就是人之見聞覺知；但離去了人之見聞覺知，亦無所謂人慾。同樣的，我們離去了人之見聞覺知，當然是不能識得人之本心；但是，亦不能說人之見聞覺知即是人之本心；此所以必須去盡人慾才真能識得本心。我們之所以贊同佛氏之徒的破象以顯體；這就是說，我們是贊同他們那種去人慾而明本體之氣概；至於我們之所以反對他們的耽空滯寂，乃因為浮雲雖可蔽日，卻不能教天不要生雲。因此，我們是應該使此喜怒哀樂之情，順其自然之流行，而不障蔽人之本心，這就是去人慾而盡天理之最簡易而又最有效的方法。陽明先生曰：「佛怕父子累，卻逃了父子；怕君臣累，卻逃了君臣；怕夫婦累，卻逃了夫婦。都是為箇君臣父子夫婦著了相，便須逃避。如吾有箇父子，還他以仁；有箇君臣，還他以義；有箇夫婦，還他以別。何曾著父子君臣夫婦的相。」—（見傳習錄下）陽明此說。切不可輕易讀過；因為這是去人慾存天理最切實而容易可行的方法。由此，當更知佛氏之徒所以認為人心所顯現之見聞覺知便全是人慾，實亦由於私心自用而所產生的妄見或人慾。

照以上所說，則什麼是人慾這一問題，應已有較為明確之認識；不過，欲一一指明何者是人慾，則為不可能，實亦是不必之事。許多保守份子，歎世風之日下，人心之日危，而認為乃現代西方物質文明之過；其意義無異是說，現代的科學發明，皆是人慾流行的結果。持此種觀點者，無論其是否為僧為道，實皆是一種釋老之見。這種觀點是錯誤的。我們認為，任何一種真理的發明，無論是科學的或哲學的，必皆是人之良知所生的一種作用；所以不能說科學發明就是人慾；但是，也不能說不是人慾。例如原子彈的發明，就其是爲害人類而言，這當然可以說就是人慾；但就其能擊敗侵略者以保障世界和平而言，則不能說便是人慾；而且，爲保障世界的和平，若不能正確的運用人之良知，以發明科學上的真理，實亦是人慾在作祟；所以，我們切不可因科學之發明而產生了許多毛病，便視科學的發明爲人慾。此正如佛氏之徒，認爲父子夫婦之情，障蔽了人之靈明，而欲逃避人倫，是同樣的爲一種偏見。我們要知道，人類社會之必有進步，這正是稱體而顯現之用是必然的會有此生生不已之過程。歸真返樸，這是人所應有的一種修養工夫；社會進化，則是天命流行的一種自然結果。我們欲能無過與不及；惟有使社會之進化，能有助於人類之幸福與和平，而毫不私心自用，世人祇知王學近禪，而不知王學之切近實用；同時，亦祇知儒家學說是講究做人的道理，而忽視其亦是爲治國平天下而講究做人。推而廣之，此所以堯爲「敬授人時」，而使羲和講究歷數之學；舜爲「齊七政」，而乃「在璿璣玉衡」；同樣的，爲趕上時代，當然是應該講究科學之道；所以，祇有不知過與不及，這才是人慾；而不能說科學之道是人慾。我們仍須特爲陳述者，即此心之所以爲喜怒哀樂之情所蔽，固有因當時之所感者，亦有因「無明」之所生者。當時之所感者，或由於社會之風尚使然，或由於個人的偶然遭遇。至於因「無明」之所生者，依佛教徒的看法，「無明」乃生死之總因；我們則認爲，當此寂無而動有之本體，是稱其所有的而顯現爲用時，其凝聚的勢用，有時會勝過發揚的勢用而顯現爲重濁的狀態；在此重濁之狀態時，此本體之發揚的勢用似是被禁錮而有成爲墮性的傾向；但此發揚的勢用終必藉機顯現。此所以礦物似是無知，而動植物則是有知，而人則是此發揚的勢用，最能稱體之所有而有者。人爲萬物之靈，此語誠然。若依上述的觀點而又從進化的觀點解析之，則知人確是物之最靈者。人爲天地之心，此說亦是不錯的。這就是說，此本體之知的可能性，惟人最能盡其所有而顯現之。但是，此萬有的本體，因是健進的勢用與凝聚的勢用之合一，所以此發揚的勢用雖終必藉機顯現，卻亦難免有墮性的傾向。此墮性的傾向，應是人慾之根源，亦是人類知識之所以可能。例如人之眷戀美色而不忘，此亦是一種記憶作用。記憶作用，實就是一種墮性傾向。此種墮性傾向，實就是佛家所謂之「無明」（不過佛家所謂之「無明」是含有「輪迴」的意義，這就是我們未能同意的），乃人類一切習慣所以能養成的原因。佛家分習氣爲染習與淨習兩種。染習即我們所謂之人慾，淨習即我們所謂之真知識。不過，我們認爲，習氣之成，還須加上遺傳的因素，於是，便形成了人之情緒（Emotion）或本能情緒（Instinct-emotions）；然後再加上了後天的各種可能的因素，乃漸漸的形成人之知識或人慾，人慾亦是人之一種知識；不過，是失人心之正而已。我們認爲，當一種習氣形成以後，不僅是成爲一種慣性，亦且會成爲一種勢力（心理學家所謂之「潛意識」，即是此種勢力而被暫時壓抑者）；所以，無論是一種真知識或是一種人慾，當其成爲一人之習氣時，則此人之良知，即完全有被此種習氣同化之可能；因此，當某種習氣，成爲社會之風尚時；此整個社會，皆將被籠罩在此種慣性之勢力下。王船山說：「習氣所成，即爲造化。」習氣實可以侔造化之功。達爾文的進化論，其所論各種動物變異之原因，也可以說就是習氣使然，不過，適者之所以生存，乃是一種好的習氣發展的結果；若被壞習所薰染而不能有所更改，則終必被淘汰。古代許多巨型動物，如恐龍等之被消滅，即足可證明。因此，好的習氣，乃進化的真正動力；亦即本體之知能不容己的而藉進化的歷程，以逐漸的而稱其所有的顯現。由此，亦足見達爾文的進化論雖是不錯的；然其物競天擇之說，則大有語病。惟仍須特爲陳述者，即人慾與真知雖同出一源，然人慾則更適合於墮性的傾向。此所以人慾易染，真知難明；亦即是「人心惟危，道心惟微」，而應該「惟精惟一」，以「允執厥中」。

五、去人慾以明道心

照以上所說，對於什麼是人心與道心，應有已較爲清楚的認識。我們認爲，人心即是本然之知的流行；蓋離去本心或本然之知，即無所謂人心。因此，人心即是本心；而道心則是人心之得其正心者；亦即是本心之顯現而不偏不倚。若雜以人僞，則就是人慾；所以人慾即是人心之失其正者。陽明先生答徐愛之問，似有未妥，而意實得之。蓋陽明嘗言性是心之體，亦即是理。所謂性是心之體，此即是說，人心之本體，即是天理，亦即未發之中。此是就形而上言者。若就形而下言，則人心必有所依據而顯；所以人心必藉氣（即我們所謂之天能，非是指物理學所謂之氣體而言）或能量而現。此亦是人心之所以能雜於人僞者。心是一，完全祇是依其顯現之不同而大有區別，此爲我們必須明辨者。然則我們應如何去人慾以明道心，亦即我們應如何去人慾以正人心呢？從修養的方法來說，各家都有不同，此可勿論。惟特須指陳者，大家都是著重於內省的工夫；不過，凡內省的工夫，若不是耽空滯寂的而祇求保任此本體之寂無，而是使此本然之知能在個人生活方面，藉生活內容之日益豐富與日益創新而源源的顯現爲新知，則就是「合外內之道」，也就是本體之德能稱其所有的顯現。中庸曰：「誠者，非自成己而已也，所以成物也；成己仁也，成物知也，性之德也，合外內之道也，故時措之宜也。」此所謂性之德，實就是指本體之德而言的。我們要知道，本體之知是至神而無所知，本體之性是至神而無相，若不顯現而爲存在，則其德不能自顯，亦即我之仁而不成物（此所謂物，即是事），則不能完成我之仁。但是，當本體顯現爲存在之後，即有物化之傾向。亦即是此成物的收凝勢用所形成之墮性傾向。於是，此本體之知，便有受拘於物的形軀之勢。此是人之知識所以有可能，亦即是人慾之始。因此，我們應反求諸己，而顯此被形軀之勢所禁錮之真知。又因此墮性之傾向，亦是恒行不已，所以我們應恒不違真，勇悍精進。如箭射空，箭箭相承，上達穹霄，終無殞退，才真能使本體之知，因精進不已而顯發無窮，應物無礙。須知精進不已，即是創新不已，創新不已，即是本體稱其所有而源源不竭的呈現。此所以我們應注重內省的工夫而返本。返本之學，初則以人之修爲的工夫，順天而自強，久則即人而天，純亦不已；這即是儒家「順受其正」的真義。亦即是去人慾，顯真知，正人心，明本體的最切實的修爲的方法。於是，則道心日明而能「永執其中」，亦即是於獨處時毫不「走作」，於利害生死關頭而能超脫，以完全實現人之本心所具有的浩然正氣或大無畏精神。

六、道心與仁心

以上對於什麼是人心道心，以及應如何正人心而明道心的修爲工夫，均已有所辨說。照我們的說法，則蔡九峯所謂人心是指其發於形氣者，道心是指其發於義理者，確有語病。而且，亦可見孔穎達所謂人心危則難安，實是對人心道心之說，未能有深切之認識。至於陽明先生所謂之道心失其正者即人心，而認爲人心即人欲，其意義即是說，人心之顯現，若非人欲，即是道心，若非道心，即是人欲，所以我們須善會陽明之意，才不致誤認陽明亦是如佛家一樣的認爲人心所顯現之見聞覺知皆是人慾。我們已詳爲辨說，真知與人慾是同出一源的，此我們之所以須著重內省的修爲工夫，俾能認知人慾而克治之，以恢復人心之正。然所謂人心之正，實如物理學所謂之「不穩平衡」而易傾難復；此所以須精以察之，一以守之，而勇悍精進不已，才能恒不違真，純亦不已。自古以來，能純亦不已者，究能真有幾人？此我們之所以應深自警惕，而深深覺到是時時如臨深淵，如履薄冰；這樣才真能去得人慾，復得本心。佛家之所以耽空寂滯者，亦無非是絕知去欲，而使人心之正，是立於較大之底面，而不易傾覆而已。其心雖未可厚非，然因其明體而不達用，則亦是不能不加以駁斥的。至於人心道心之說，何以是公天下的禪讓的政治學說的最精微之處？現在亦可以作簡括的說明了。就「天之曆數在爾躬，永執其中」而言，此所謂中，實就是中庸所謂的「未發之中」，亦就是道或道心。我們人之所以爲人之理，實亦不外此。劉康公曾說：「吾聞之，民受天地之中以生，所謂命也。是以有動作禮義威儀之則，以定命也。能者養之以福，不能者敗以取禍」（見左傳成公十三年）。照劉子此說，所謂「永執其中」亦就是永保其「命」，此所以論語堯曰在「永執其中」之下緊接著說，「四海困窮，天祿永終」。其意義應是說，現天之曆數，既在爾躬，而應承繼此帝王之大統；爾當信執此人之所以爲人之理，而發揮此本體之仁，以行仁政而爲人民謀福祉；爾若不行仁政，以致四海困窮；則是爾未能信執此人之所以爲人之理，爾之天祿亦必將永絕；至於如何才能信執此人之所以爲人之理，則就是要能正人心以明道心而識得仁心。由此可知，人心道心之說，確是公天下之禪讓政治的最精微之處。今之民主政治，若能具備此種中心思想而發揚光大之，則世界和平必可獲得保障，而人類的前途必是光明的。用我們的此種標準來批評現代的西方民主政治，則知近代的西方民主政治，雖頗有成就；然因其未能從本原方面致力，所以難免假仁假義，而祇是支支節節的解決了一些現實的問題；於是，問題愈來愈複雜而日益嚴重。我們認爲，這應是有志解除人類危機的明達之士所深切致意的。在這裏仍須略加陳述的，即上文我們對於論語堯曰篇所述之堯以命舜者所作之解釋，雖祇是基於我們的系統而予以解釋，而不一定是前人所已說過的，但是，若能深玩朱子所謂「中者無過不及之名」，而知「無過不及」，即是本體之知顯現，亦即是最宜者之所以存在；則知我們之以「中」釋作命，或釋作人之所以爲人之理，是決無牽強附會之處；而且是融會了儒家哲學的基本精神，發其最精微之義蘊。照這樣說來，人心道心之說，即令爲後儒所僞作，然因其能發揮「永執其中」之深意，使我們體認到：中是道心之未發，仁是道心之已發。中，確是仁之本根。這本根即是人之本心，亦即是仁心。我們可以說，仁心是道心之全體大用。未有仁心而不是道心，未有道心而不顯現仁心。何謂仁？何謂人心道心與仁心，於此已應無疑義。以下我們將從論語論仁與孟子論說仁義之各章，以探對孔孟仁學之原義，爲孔孟仁學作正解。

乙、上篇：孔子仁學原論

茲從論語而講孔子仁學，特分述之於次：

一、前言

論語共四百八十二章，凡一萬一千七百零五字。若鄉黨篇視作十七章，亦祇有四百九十八章。但其中有五十八章論仁，共出現了一百零五個仁字。就論語之總字數與仁字之見於論語者而言，仁字約佔一百一十一分之一；就全書之章數而言，論仁者約佔八分之一弱。而且，其他各章，雖未明說仁字，亦多可以說是在論仁。例如里仁篇所說的「見賢思齊焉，見不賢而內自省也」：「事父母幾諫，見志不從，又敬不違，勞而不怨」；「古者言之不出，恥躬之不逮也」；「君子欲訥於言，而敏於行」等，亦何嘗不是在論仁。因爲以賢者爲師，以不賢者爲戒；若非以仁存心者，是做不到的。父母有過，幾諫不從；又能敬而不違，勞而不怨；若非仁者，亦是做不到的。孝子之於父母，決不是像有些人所認爲的：因爲年輕一代生存的機會是年老一代所給予的，所以不能不孝敬。若果是如此，則窮人的兒子，便決對不會孝敬父母。當然有些人之孝敬父母，亦可能由於經濟上的依賴性；然而此種孝敬必是假的。儒家所謂的孝與慈，乃是指親子之情的極其自然的流露；而此種極其自然流露的親子之情，才是儒家所謂之仁。再者，言行一致，亦必是仁者之所以爲仁者之必需條件。仁者之言，決不是隨便亂說的。以上不過是隨便舉幾個例子而已。我們若能耐心的從學而第一一章章的讀下去，則知論語所講的孝弟、忠信、禮讓，或溫良恭儉；以及親與愛，惠與義，樂與敬，慈與恕，智與勇等等，無不是講的仁之必需條件或爲仁的方法。也可以說，仁之必需條件，是不能遍舉的。這并不是一個糊塗的說法，以後我將作較爲詳盡的解析。在這裏我祇須陳述的，即全部論語，是以仁爲中心而講的一套完整的人生哲學，雖然論語所講的，多祇是實踐仁之工夫。但是，儒家的這一套人生哲學，是有其形而上的體系的。我們若不論清楚這一點，則決不能真的體味出什麼是仁，亦未見得真能完全正確的讀通這部論語。

二、漢學家不識仁之真義

我認爲，漢學家是不識仁之真義的。也就是說，若完全照漢學或訓詁考據之學的看法，是決不能完全正確的讀通這部論語的。茲特就阮元之論仁，而證明漢學家并未能真的體味出什麼是仁。自漢以來的漢學家，他們對於仁之認識，大體上皆是與阮元的看法相似的。阮元曾說：

> 元竊謂詮解仁字，不必煩稱遠引。但舉曾子制言篇，人之相與也。譬如舟車，然相濟

達也。人非人不濟，馬非馬不走，水非水不流。及中庸篇，仁者人也。鄭康成注，讀如相人偶之仁，數語足以明之矣。春秋時，孔門所謂仁也者，以此人與彼一人相人偶，而盡其敬禮忠恕等事之謂也。相人偶者，謂人之偶之也。凡仁必於身所行者驗之而始見，亦必有二人而仁乃見。若一人閉戶齋居，瞑目靜坐；雖有德理在心，終不得指為聖門所謂之仁矣。蓋士庶人之仁，見於宗族鄉黨；天子諸侯卿大夫之仁，見於國家臣民。同一相人偶之道，是必人與人相偶而仁乃見也。鄭君相人偶之注，即曾子人非人不濟，中庸仁者人也。論語己立立人，己達達人之旨，能近取譬，即馬走水流之意。曰近取者，即子夏切問近思之說也。

阮元又說：

元又謂，孟子仁人心也，義人路也。此謂仁，猶人之所以為心；義，猶人之所以為路；非謂即心即仁也。若云此仁即真是心，斷不可云此義即真是路也，總之聖賢之仁，必偶於人而始可見。故孔子之仁，必待老少，始見安懷。若心無所著，便可言仁，是老僧面壁多年；但有一片慈悲心，便可畢仁之事，有是道乎。

阮元又說：

又案仁子不見於虞夏商書及詩三頌易卦爻辭之內。似周初有此意而尚無此字。其見於毛詩者，則始自詩國風洵美且仁。再溯而上，則小雅四月，先祖匪人，胡寧忍予。此匪人人字，實是仁字，即人偶之意。與論語人也奪伯氏邑相同。蓋周初但寫人字，周官禮後始造仁字也。鄭箋解匪人為非人，孔疏疑其言之悖慢，皆不知人即仁也。」(見皇清經解卷一千七十一)

照阮元此所說的看來：第一，他從考據的觀點而論定「人即仁」，我們可不必考究其是否完全正確。第二，即令「人即仁」之說是完全正確的；然則人究竟是什麼？我們也可代阮元作答：「人是理性的動物」。於是，阮元所謂之仁，乃是此理性的動物與彼理性的動物「相人偶」而所表現的理性的行爲。阮元所謂的「仁也者以此一人與彼一人相人偶而盡其敬禮忠恕之事」，其意即是說人與人相人偶而能表現理性的行爲即是仁。我并不是說，人與人相人偶而表現理性的行爲不是表現了仁；而祇是說，人何以能表現爲理性的行爲或何以能「盡其敬禮忠恕等事」。凡理性的雖不必祇是敬禮忠恕等事；然而阮元所謂的敬禮忠恕等事，則當然是理性的。我們若不作尋根究底的追問，當然也可以滿意阮元此所說的；但是，這不是任何一個真正的哲學家所能忍受的。這或許就是訓詁家或考據家與義理家之所以不同；也或許就是第二流思想家與第一流思想家之所以不同。我可以這樣的說，若追問人何以能「盡其敬禮忠恕等事」；這才能算是一種哲學的思考；這當然是一件很麻煩的事；這回答也可以是多方面的。照阮元所說的「不必煩稱遠引」一語看來，阮元認爲是不值得回答的。我還可以代阮元說出不值得回答的理由。當人類還是相信天圓地方之說的時代，假如有人問，地爲什麼不掉下去？印度人必定說，是大象把地支持住了；然則誰支持住大象呢？有人說是大的烏龜；然則誰支持住大烏龜呢？不能回答的人說，這是不值得回答的。阮元認爲「不必煩稱遠引」，假如他有理由，其理由亦必衹是如此。我不能說我真能回答這個許多人認爲不值得回答的問題；我衹覺得我們是應該研究這個問題的。第三，阮元認爲仁猶人之所以爲心，非謂即心即仁。他說：「若云此仁即真是心，斷不可云此義即真是路」。阮元此說，即是不肯追問的結果。因爲，他以義路不能是人行的道路爲依據，而反駁仁不能即是人心；實足以證明他根本沒有弄清楚什麼是人心。他以爲人心是和人路一樣的實有是物，這完全是拘於常識的層次而缺乏哲學頭腦的一種看法。殊不知，「聖賢之仁，必偶於人而始可見」，這雖是不錯的；然而「偶於人而始可見」之敬禮忠恕等事，究竟是不是仁，則大有問題；否則，孔子決不會既許令尹子文之忠，而又不許令尹子文之仁的。由此足見孔子所謂之仁，雖是指敬禮忠恕等事；卻亦不是敬禮忠恕等事便能盡仁之所以爲仁的。也就是說，仁固然必須由人心而始能表現；然而人心何以能表現爲仁，則卻是哲學家所應該考究的。我們可以確定的說，決不是另有敬禮忠恕等事，而由此實有是物的人心表現出來，我們便謂之仁的。若果如阮元所說，則孟子與告子的辯論是多餘的；而且，孟子反駁告子的話，應該都是錯的。阮元所謂「仁猶人之所以爲心」，其意義是說，人應該以仁爲心，而不是仁即人心。他的錯誤，可以說就是「仁，猶人之所以爲心；義，猶人之所以爲路」的這兩個猶字；而他之所以有此錯誤，則由於他祇以相人偶之人釋作仁。第四，我們還須指出的，即阮元認爲「周初但寫人字」，「後始造仁字」，亦足證人字不能表達仁字之義而後始造仁字；所以「人即仁」之說，雖不無理由，實不能說是一充足理由。第五，我們雖是反對阮元之論仁，亦並不完全反對他的見解。他說：「若一人閉戶齋居，瞑目靜坐，雖有德理在心，終不得指為聖門所謂之仁矣」。又說：「老僧面壁多年；但有一片慈悲心，便可畢仁之事，有是道乎」。他是反對別人不在人常日用上去實踐仁的。這是我所贊同的。不過，他并沒有體悟到，是可以用一個工夫而識得此心之仁且能行之得當的。釋氏之徒，是祇用這個工夫而識得此心之仁；但不肯在人常日用上去實踐，這應是釋氏之徒的偏見。我認為阮元反對此種偏見是很正當的。但是，若祇在表面上做敬禮忠恕等事而不求識得此心之仁；誠篤之士，或許尚不致離題太遠；詐偽之徒，確可以助長其詐偽。若能教人作尋根究底的追問，或許可以生大智慧而顯大仁，此應是恰可治機巧詐偽之徒的大病。這是阮元所未能體認的。這或許就是考據家或訓詁家之所以不足與聞君子之大道。我之所以提出此種主張，乃是我對於孔子所謂的仁，已悟出其確是本於他底本體論而推演他底一套人生哲學。欲證明我之主張是否正確，是祇有以論語之論仁作為我的證據。以下我擬就論語中論仁之五十八章，分別的予以簡釋，并從而說明我底此種主張，確有其充足的理由。

三、聖人與仁者——聖是仁之造其極的境界

論語是以仁與聖并稱的。其意蓋謂，若果是一個仁者，亦即是一個聖人。阮元則謂，「聖為第一，仁即次之」，其意蓋謂仁較聖為易，此足證阮元確是沒有讀通論語，亦足證他對於

陽明先生底足色精金之喻（見傳習錄），毫無理會。茲特將論語有關論聖與仁者，引述於下：

子貢曰：「如有博施於民，而能濟眾，何如，可謂仁乎？」子曰：「何事於仁，必也聖乎，堯舜其猶病諸。夫仁者己欲立而立人，己欲達而達人，能近取譬，可謂仁之方也矣。」（雍也）

子曰：「若聖與仁，則吾豈敢；抑為之不厭，誨人不倦，則可謂云爾已矣。」公西華曰：「正唯弟子不能學也。」（述而）

說述而篇所說的是以聖與仁并稱，尚似乎不易引起爭論；若就雍也篇所說的，而說論語是以聖與仁并稱，則必然會引起爭論的；因爲就孔子所說的「何事於仁，必也聖乎」這兩句話看來，孔子似乎是以「聖爲第一，仁即次之」的。所以阮元認爲「子貢視仁過高，誤入聖域；故孔子分別聖字，將仁字降一等論之曰，所謂仁者，己之身欲立則亦立人，己之身欲達則亦達人；所以必兩人相人偶而仁始見也」。實際上，孔子所謂的己立立人，己達達人，祇是在針對子貢的博施濟眾的不切實際的思想，而教他能近取譬的做己立立人、己達達人的實踐的工夫。我們要知道，己立立人、己達達人的實踐的工夫，也就是聖人的實踐的工夫。一個聖人，除了應做己立立人、己達達人的實踐工夫外，我實不知再要做些什麼工夫。我相信，若阮元能認真的仔細的考慮一下，也必會不知聖人再要做些什麼工夫的。若認爲聖人是除了己立立人、己達達人的實踐工夫外，還須具有無所不能的神通；則此所謂之聖人，不是儒家所謂之聖人，我相信阮元會同意我此種看法的。若認爲聖人，當講到他底學問時，他必是上自天文，下至地理，無所不通，無所不曉；當講到他底本領時，他必是文能安邦，武能定國的如此的一個全知全能的人；這也是一種不正確的看法。因爲聖人并不是如此的全知全能的人，實際上亦沒有如此全知全能的人。孟子曰：「知者無不知也，當務之爲急；仁者無不愛也，急親賢之爲務。堯舜之知，而不偏物，急先務也；堯舜之仁，不偏愛人，急親賢也。不能三年之喪，而緦小功之察；放飯流歠，而問無齒決，是之謂不知務」。照孟子此所說的看來，若果有一個如以上所述的全知全能的人，必一定不是一個聖人；因爲聖人之知是不偏物而急先物，聖人之仁是不偏愛人而急親賢。孟子此所說的，也可以說是將論語雍也篇所說的作了非常具體的引伸；由此已足證阮元所謂「將仁字降一等論之」之說，實是沒有好好的讀通論語。再者，儒家所謂之聖人，實際上即是既仁且智之人，而決對不是以聖人高於仁者的；而且，「學不厭」與「教不倦」，亦就是己立立人、己達達人的註腳；於是，我對於阮元在此等方面之無知，實大出意外；因爲他總認爲仁是祇能從實踐中才可見到的，所以仁是降一等的；其實聖人并不是天生的，亦必須從實踐中才能見到的。這或許是他對於他們底聖明之主，過於認爲高不可及的原故。這不祇是阮元一個人的見解，這是自漢以來，所有儒者之通病。這就是說，聖人高於仁者之說，確是牽強附會而毫無是處。孔子之仁學，不明也久矣。宋明理學家，雖已識得孔子之仁；然而卻祇局限於個人修養方面，或許亦是莫可如何的。我還須指出的，一個人若能「勝其人欲之私而全其天理之公」，即令有「隘與不恭」而「不能無病」，亦仍不失其爲聖人；否則，孟子決不會許伯夷爲聖之淸，許柳下惠爲聖之和的。這就是說，一個人對於某一事而能仁至義盡，即令是稍有所偏，亦仍可以不失其爲聖人；然則聖人又何能高於「以天地萬物爲一體」之仁者。朱子對於己立立人、己達達人的註釋是說：「以己及人，仁者之心也。於此觀之，可以見天理之周流而無間矣。狀仁之體，莫切於此」。朱子是從偶於人「以見天理之周流而無間」的；所以朱子認爲己立立人、己達達人是「狀仁之體，莫切於此」，而不認爲是「將仁字降一等論之」的。朱子認爲，「仁以理言，通乎上下；聖以地言，則造其極之名也」。這就是說，己立立人、己達達人而造其極則就是聖人。中庸曰：「君子之道，譬如行遠，必自邇；譬如登高，必自卑」。這邇與遠，卑與高，祇是工夫之深淺有不同；而不是到了高與遠的境地，是另有一套工夫的。中庸又曰：「君子之道，造端乎夫婦；及其至也，察乎天地」。我們可以說，能「察乎天地」之人，即是聖人；而聖人之道，亦并不是須從夫婦之道以外才能求得的。照這樣說來，我們必須體會仁是可以「通乎上下」的，我們才真能識得什麼是仁。聖與仁是絕對無高下之分的；有之亦祇是行仁之工夫尚未造其極而已。於是，則「何事於仁，必也聖乎，堯舜其猶病諸」，究應作如何解釋，應已是非常明白的。我們認爲，仁與聖絕非二事。聖是仁之造其極的境界，而不是另有一種高於仁的境界。吾人欲真能讀通論語，這種理解確是必需的。

四、仁者與智者——智是仁之必需條件

我們既已說明聖與仁并非兩事，現在擬進而說明仁與智之關係，俾進一步的說明仁與聖

并非兩事。我們已陳述過，既仁且智之人即是聖人；茲不妨引用孟子底話，以證明我們究竟是何所據而云然。孟子曰：「昔者子貢問於孔子曰，夫子聖矣乎？孔子曰，聖則吾不能。我學不厭，而教不倦也。子貢曰，學不厭智也；教不倦仁也；仁且智，夫子既聖矣」。照孟子此所說的看來，孟子與子貢都認爲仁智是聖之所以爲聖的充足而又必需的條件；於是，我們當可以說，仁智即是聖之內容。至於仁與智之關係，我們可從論語中有關論仁與智之各章，而窺見其概要：

子曰：「知者樂水，仁者樂山，知者動，仁者靜；知者樂，仁者壽。」（雍也）

子曰：「不仁者，不可以久處約，不可以長處樂；仁者安仁，智者利仁。」（里仁）

宰我問曰：「仁者雖告之曰，井有仁焉，其從之也！」子曰：「何為其然也！君子可逝也，不可陷也；可欺也，不可罔也。」（雍也）

子曰：「智者不惑，仁者不憂，勇者不懼。」（子罕）

子曰：「君子道者三，我無能焉。仁者不憂，知者不惑，勇者不懼。」子貢曰：「夫子自道也。」（憲問）

子曰：「有德者必有言，有言者不必有德；仁者必有勇，勇者不必有仁。」（憲問）

陽貨謂孔子曰：「懷其寶而迷其邦，可謂仁乎？」曰：「不可。」「好從事而亟失時，可謂知乎？」曰：「不可。」「日月逝矣，歲不我與！」孔子曰：「諾！吾將仕矣。」（陽貨）

子曰：「由也，女聞六言六蔽矣乎？」對曰：「未也。」「居！吾語女。好仁不好學，其蔽也愚；好知不好學，其蔽也蕩；好信不好學，其蔽也賊；好直不好學，其蔽也絞；好勇不好學，其蔽也亂；好剛不好學，其蔽也狂。」（陽貨）

樊遲問仁。子曰：「愛人。」問知。子曰：「知人。」樊遲未達。子曰：「舉直錯諸枉，能使枉者直。」樊遲退，見子夏曰：「鄉也，吾見於夫子而問知。子曰，舉直錯諸枉，能使枉者直。何謂也？」子夏曰：「富哉言乎，舜有天下，選於衆，舉皐陶，不仁者遠矣。湯有天下，選於衆，舉伊尹，不仁者遠矣。」（顏淵）

樊遲問知。子曰：「務民之義，敬鬼神而遠之，可謂知矣。」問仁。子曰：「仁者先難而後獲可謂仁矣。」（雍也）

以上是祇就論語中論仁之各章，而看出孔子及其門弟子對於仁與智之看法。其他如子張之問崇德辨惑，樊遲之問崇德修慝辨惑，以及子張之問明等（以上皆見顏淵篇），亦無不是論仁與智之關係；因爲崇德即仁，辨惑即智；而明與遠，則非仁且智，是不能至此的。至於以上十章所言之仁與智，我們可從三方面而說明之：第一，從憲問篇所謂「仁者必有勇，勇者不必有仁」看來，我們當然也可以說，仁者必有智，智者不必有仁；至於仁者何以有勇，則可以以老子所說的「慈故能勇」一語明之；至於仁者何以有智，我們除將在以下作較詳盡的辨說外；也可以說，因爲「知者利仁」；所以仁者必有智。照這樣說來，仁必是智與勇之充足條件，而智與勇則必是仁之必需條件。第二，從雍也篇所說的「知者動，仁者靜；知者樂，仁者壽」這幾句話看來，智與仁似各有不同的傾向。班固底古今人表，根據「何事於仁，必也聖乎」及「未知焉得仁」，而將古人分爲九等：以聖人爲上上，仁人爲上中，智人爲上下，愚人爲下下。阮元底聖人高於仁者之說，大抵是出自班氏。我們認爲，班固之作古今人表，完全是爲阿專制帝王之所好；如是，乃強將聖仁智分爲一二三等，所以總難免牽強。我們認爲，凡是具有善知識之智者，我們既不能說他不是聖人，亦不能說他不是仁人；至於某些可稱之爲智者而不能稱之爲仁人或聖人的人，乃是他底知有未至，致未能造其極而不能稱之爲聖人。知亦是可以「通乎上下」的。我們可以這樣的說，聖人猶如精金；精金之成色，即是實踐仁之工夫的深淺；而實踐仁之工夫，則是以知之程度而表現的；因此，我們確可以說有第一流思想家與第二流思想家，而第二流思想家與第一流思想家，確是有不同的傾向。於是，孔子所謂的「知者動，仁者靜；知者樂，仁者壽」，皆是從其未能造其極而姑且如此說的。當然，我們若不從同中見異，我們是沒有什麼可說的。釋氏之徒，即是祇要我們見同而不要我們見異；所謂「無心外之物」，實亦可作如此講。但是，這外在的世界，確是因有異而存在；我們若不能見異則難免耽空滯寂。不過，以班固之標準而顯異，則是極不妥當的。我們并不是要完全否定班固在歷史方面之成就，我們祇是指出他所定之此種標準，確是曲學阿世而已。我們之毫不客氣的批評阮元，其用意亦祇是如此。第三，現在我們應進而說明仁者何以必有智。我們可以這樣的說，若仁而無智，則必不好學而其蔽也愚；蔽於愚，則不得謂之仁。宋襄公是不能稱之爲仁者，因爲宋襄公即是一個頭腦不清的人。仁者是可欺以其方，難罔以非其道的；所以仁者是可逝而不可陷的。再者，就陽貨所謂之仁與智而言；其所謂之仁，是指一個人應如何存心而言；其所謂之智，則就是實踐仁所最應注意的要領。一個人以仁存心而不能作適當的實踐，自不能謂之爲仁者；所以智確是仁之必需條件。其次，就孔子所謂的不憂，不惑，不懼而言；若不是真能不惑不懼，是很難做到不憂的。就我個人所親歷的而言，若不識得孟子所謂的浩然正氣，是不能體會出什麼才是大無畏精神。凡真的具有大無畏精神的人，他不僅是一位勇者，而且必是一位智者；因爲若沒有清清楚楚的認識，是決不會具有大無畏精神的。或許此種認識，仍祇是信以爲真的；然而若不是經過大疑之後的大悟，是決不會有此種認識的。有此種認識的人，才能真的無憂；亦才能真的不惑與不懼。司馬牛之所以有憂有懼，完全是由於他自己底不能「內省不疚」而有惑。再其次，孔子所謂的「舉直錯諸枉，能使枉者直」；雖是答樊遲之問智，卻亦是答樊遲之問仁。孟子曰：「爲天下得人者謂之仁」（見滕文公上）。孟子卻真是懂得孔子，而一語破的。此所以子夏曰：「富哉言乎」，并舉舜湯之得仁人而使樊遲能有所達。歷代昏庸之主，其所以不能得人，實就是不仁之故。至於「務民之義，敬鬼神而遠之」；這雖是智者之事，若非仁者，亦決不會真能有如此灑脫的胸襟。這就是說，若真是一個智者，亦必是一個仁者；此所以我們說仁者必有智。這就是說，仁者必是具足大慈大悲精神而兼具理性精神。

五、真知之難得與仁之難能

我們既已說明了，聖是仁之造其極的境界，而智與勇則是仁之必需條件；那麼，我們可不可以說，凡智勇雙全者即是仁者或聖人。這當然是不可以如此說的。若說凡具有至大至剛之大勇而又是具有毫無偏蔽之大智者即是仁者或聖人，這確是可以如此說的。於是，我們當可以說，仁之內容是具有浩然之正氣與毫無偏蔽之真知；而且，真知必是正氣之充足條件。我們可以這樣的說，凡一種知識而不能涵有一種大無畏精神，則此種知識即令是一種真知識，亦必仍是一偏之見。這就是說，毫無偏蔽之真知，確是難於獲得。真知之難得，亦就是仁之難能。仁雖然是應該從「能近取譬」做起；然而若不知擴而充之，以純乎至極之地，即令果有一善，亦仍然不能謂之為仁者。論語論仁之各章中，關於此點，曾有極為明確之辨說：

子張問曰：「令尹子文，三仕為令尹，無喜色；三已之無慍色；舊令尹之政，必以告新令尹，何如？」子曰：「忠矣。」曰：「仁矣乎？」曰：「未知，焉得仁。」「崔子弒齊君，陳文子有馬十乘，棄而違之，至於他邦，則曰，猶吾大夫崔子也。違之，之一邦，則又曰，猶吾大夫崔子也。違之，何如？」子曰：「清矣。」曰：「仁矣乎？」曰：「未知，焉得仁。」（公治長）

孟武伯問子路仁乎？子曰：「不知也。」又問。子曰：「由也，千乘之國，可使治其賦也，不知其仁也。」「求也何如？」子曰：「求也，千室之邑，百乘之家，可使為之宰也，不知其仁也。」「赤也何如？」子曰：「赤也，束帶立於朝，可使與賓客言也，不知其仁也。」（公治長）

憲問恥。子曰：「邦有道穀，邦無道穀，恥也。」「克伐怨欲不行焉，可以為仁矣？」

子曰：「可以為難矣，仁者吾不知也。」（憲問）

子游曰：「吾友張也，為難能也，然而未仁。」（子張）

曾子曰：「堂堂乎張也，難與并為仁矣。」（子張）

子曰：「如有王者，必世而後仁。」（子路）

「子罕言利，與命與仁。」（子罕）

子曰：「回也其心三月不違仁，其餘則日月至焉而已矣。」（雍也）

子曰：「知及之，仁不能守之，雖得之，必失之。知及之，仁能守之，不莊以涖之，則民不敬。知及之，仁能守之，莊以涖之，動之不以禮，未善也。」（衛靈）

在這裏有幾點須特別陳述的：第一，忠與清乃仁之必需條件，因爲任何仁者，是決對不會不忠與清的。而且，忠與清也可以說是仁之充足條件；關於此點，我們願作較詳盡的說明。子路篇有樊遲之問仁，子曰：「居處恭，執事敬，與人忠」。子路篇此章，以後仍須予以較詳盡之解析外，這裏須特爲指陳的，即照孔子此說，應該是說「如果忠則仁」；或者，也應該可以說：「如果恭敬忠則仁」。又里仁篇孔子曰：「參乎！吾道一以貫之」。曾子曰：「唯」。子出。門人問曰：「何謂也」？曾子曰：「夫子之道，忠恕而已矣」。此所謂之忠恕，如照程朱之解釋，則忠是體而恕是用；如照漢學家焦循等之解釋，則忠恕便是「一以貫之」之一。無論照何種解釋，是都可以說：「若忠則仁」。再者，孟子是許伯夷爲聖之清的。孔子亦認爲伯夷叔齊是「求仁而得仁」。然則孔子爲什麼既許子文之忠與文子之清而又皆不許其仁？

照公冶長篇所載，孔子之所以皆不許其仁，乃是「未知，焉得仁」。「未知」二字，照阮元底解釋，即是未智，意謂「必先智而後能仁」。照程朱底解釋，則是孔子「未知其心果見義理之當然，而能脫然無所累乎？抑不得已於利害之私，而猶未免於怨悔也」。查「子文之相楚，所謀者無非僭王滑夏之事；文子之事齊，既失正君討賊之意，又不數歲而復反於齊焉，則其不仁亦可見矣」。程朱的此種批評，固未必全是；惟照這樣說來，「未知」二字，姑無論作何解釋；然而子文與文子，未具有知仁之真知而去盡利害之私，則是可以斷言的。所以彼等雖具有忠與淸之美德，亦皆祇是一不仁之人。由此，已可見知仁之真知確是難得，而仁亦確是難能的。若謂智人必是低於仁人一等，仁人必是低於聖人一等，這祇是世俗之見，而不真知智人與仁人。第二，就子路冉求公西赤之才能而言，赤是通常所謂之智人而無疑。這就是說，通常所謂之智人確不是仁人。至於通常所謂之智人之所以不是仁人，乃是彼等缺乏一種毫無偏蔽之真知。此種毫無偏蔽之真知，乃是「不勉而中，不思而得」的。所以，一種毫無偏蔽之真知與普通所謂之智慧，不是有能力高下之分，而祇是有「修己」的工夫之深淺不同；於是，真知之難得，是決不能祇從外在的標準而區分其高下；因此，子張篇所謂之「難能」與「難與並爲仁」，若如阮元的以「相人偶之說」而釋之，亦祇是「削足適履」而已。至於憲問篇所謂之「克伐怨欲不行焉」，這確是從內在的標準而說的，然而若無一種毫無偏蔽之真知，則雖然能使「克伐怨欲不行焉」，亦祇是「能制其情使不行」。這確是「難能」的。但是，若祇「制其情使不行」，則是無法獲得真知的。耽空滯寂者，其弊即在此。真知之難得，是難於發大疑而生大悟。既非有才力高下之難，亦不是私慾之難於克制；這是從事訓詁或考據之學的人無法瞭然的。第三，因爲真知之難得與仁之難能，所以「子罕言利與命與仁」。我們是贊成程子所說的：「計利則害義；命之理微，仁之道大，皆夫子所罕言」的註釋。有人認爲，一部論語，既有五十八章言仁；而且一共講了一百另五個仁字；那麼，言仁之比例不爲不大，爲什麼又說「子罕言利與命與仁」呢？因此，有人認爲，若將兩與字作連接辭講，實是一不能解決的矛盾；於是，乃將兩與字作稱許講；而認爲孔子雖罕言利，但稱許命并稱許仁。這算是一個非常精緻的解釋，卻不能說真是合於原來的意義。吾人試反覆的研讀論語之論仁，孔子除了正面的說過管仲是「如其仁，如其仁」及夷齊是「求仁而得仁」，或說過仁是「愛人」外，其餘所說的，皆是實踐仁之工夫及實踐仁時所應注意之要領；或者，亦祇是提醒門弟子不要誤以不仁爲仁，或有時亦作仁與智之比較等等。至於仁究竟是什麼？孔子卻從未說過。孟子卻還嘗說：「爲天下得人者，謂之仁」，「仁，人之安宅也」，「仁者愛人」，「惻隱之心，仁也」，「仁，人心也」，「親親，仁也」，「仁者以其所愛，及其所不愛」，「仁者，人也」，「人皆有所不忍，達之於其所忍，仁也」。可見孟子卻還時常的正面說明仁是什麼；但是，孟子亦未能說出仁究竟是什麼。這就是說，仁究竟是什麼，須有親身的經歷才能真的知道。也就是說，對於仁沒有親身經歷的人，是無法向之明說仁究竟是什麼。這就是孔子之所以罕言仁。孔子雖是罕言仁，但孔子必曾言及仁究竟是什麼。欲能說明仁究竟是什麼，必須有一套形而上的系統才能說得清楚的。我們曾說，「仁之必需條件，是不能遍舉的」，其故即在於此。這就是說，從形而下的觀點，是無法將仁說得清清楚楚的。例如孟子所說的「仁，人心也」；人心究竟是什麼，即無法用「相人偶之說」予以明白的說明。(關於人心究竟是什麼，在導論中，已有詳盡的說明。)至於孔子究竟是怎樣的說明仁究竟是什麼，我們雖不能從論語中找出來，但是，從子貢所說的，「夫子之文章，可得而聞也；夫子之言性與天道，不可得而聞也」；此必是子貢「聞夫子之至論而歎美之」。這就是說，孔子雖罕言性與天道；但對於已升堂入室之弟子，則仍是言之而「吾無隱乎耳」。也就是說，若能識得孔子所言之性與天道，則必能識得此心之仁；而天道與性命之說，確是難於得知。由此，亦足證孔子確是罕言命與仁。第四，我們欲真能識得此心之仁，必須要識得「回也其心三月不違仁」之仁究竟是什麼；也必須要識得「回也不改其樂」之樂究竟是什麼？從認知的觀點來說，這是一能否知之真的問題；從實踐的觀點來說，這是一能否行之切的問題。不能知之真，必不能行之切；不能行之切，亦必不能知之真。陽明知行合一之說，必須從此等處理解，才比較真切。我們之所以說真知之難得與仁之難能，其故亦在於此。我們認為，若真能識得此心之仁而又能忠與清；或者，亦又能治賦，為宰，或與賓客言，則必皆能「從容中道」而成為聖人或仁者。至於能否識得此心之仁，這當然是一能否真知的問題。不過，「知及之，仁不能守之，雖得之，必失之」。這就是說，雖然能識得此心之仁，若不能守之，則結果必仍是不真能識得的。吾嘗竊怪聰明才智之士，其知是確已識得此心之仁，其行則仍然不免有「私心」、「偏心」、「欺心」、「疑心」。吾初不解其故果何在，後讀衛靈篇孔子此所說的，方又恍然大悟。由此，亦難怪釋氏之徒常喜耽空滯寂的以保任其所識得的此心之仁，卻不知實踐在仁常日用方面，其故即在於此。真知確是難得，仁當然更是難能。孔子曰：「有王者起，必世而後仁」。俗習之難移以及人心常易被積習染化而難顯其毫無偏蔽之真知，如此亦可概見。

六、「仁者其言也訒。」

因爲真知之難得與仁之難能，所以爲仁應著重實踐的工夫而不是口說不做的事。（此所謂應著重實踐的工夫，衹是對口說不做而言的，不是說衹須著重實踐而無須求知。須知知之高下是影響實踐程度之深淺的。）於是，孔子是最討厭巧言令色之徒而認爲「仁者其言也訒」：

子曰：「巧言令色，鮮矣仁。」（學而）

司馬牛問仁。子曰：「仁者其言也訒。」曰：「其言也訒，斯謂之仁乎？」子曰：「為之難，言之得無訒乎！」（顏淵）

子曰「剛毅木訥近仁。」（子路）

或曰「雍也，仁而不佞。」子曰：「焉用佞。禦人以口給，屢憎於人，不知其仁，焉用佞。」（公冶長）

孔子雖是討厭巧言令色之徒而認爲「仁者其言也訒」；但是孔子并不贊成教人做一個沒嘴的葫蘆。孔門四科中言語即佔一科。孔子曾對他底兒子說，「不學詩，無以言」，足見孔子是很講究說話的技術的。孔子不僅講究說話的技術，而且特別講究對什麼人應講什麼話，在什麼時候應講什麼話等等。例如孔子曰：「可與言而不與之言，失人，不可與言而與之言，失言，知者不失人，亦不失言」（衛靈）。又曰：「侍於君子有三愆：言未及之而言，謂之躁，言及之而不言，謂之隱，未見顏色而言，謂之瞽」（季氏）。爲什麼孔子特別講究這些呢？孟子曰：「士未可以言而言，是以言餂之也；可以言而不言，是以不言餂之也，是皆穿窬之類也」（盡心下）。人嘗以小偷爲可恥；嚴格的說來，一個人在說話時欲能免於「穿窬之類」，卻是很難的。子路篇有子貢問曰：「何如斯可謂之士矣？」子曰：「行己有恥，使於四方，不辱君命，可謂士矣。」曰：「敢問其次？」曰：「宗族稱孝焉，鄉黨稱弟焉。」曰：「敢問其次？」曰：「言必信，行必果，硜硜然，小人哉，抑亦可以爲次矣。」照這樣說來，能行己有恥而又能言之人，卻較之被宗族鄉黨稱爲孝弟之人還要高出一籌的；而且，言必信，行必果之人，雖仍然不免是一小人，卻仍是高於市井之徒的。吾嘗讀孔子此所說的，深覺孔子對於一個人的言行之分析并定其人格之高下，真是入木三分而至當不移。但是，孔子爲什麼最不喜歡巧言令色之徒呢？因爲，巧言可以亂德，利口可以覆邦家；所以，孔子是「是故惡夫佞者」；而「放鄭聲，遠佞人」，而主張「言忠信，行篤敬」及言之「無所苟」；而反對「羣居終日言不及義」。於是，孔子所謂的「仁者其言也訒」，祇是就「爲之難」而言的。朱子曰：「蓋心常存，故事不苟，事不苟，故其言自有不得而易者，非強閉之而不出也」。朱子這是深得聖人立言之旨的。今世之人，如某些對於現代科學之「行話」和「行規」有一知半解的人，嘗大言不慚的說自己是發前人之所未發而認爲自己底思想最新，并將其他的今人或古人都當作「阿木林」。這種人是決對不會懂得何謂「仁者其言也訒」的。因爲這種人完全是屬於市儈或無賴之徒一類的典型，專門以吹捧爲能事。凡以吹捧爲能事的人，一方面必是假充內行而嚇唬人；一方面必是裝作一副奴才相而逢迎其在利害方面所值得崇敬之人。此「是皆穿窬之類也」。任何一個有真知灼見的人都不會如此。我們認爲，質樸而遲鈍的人，或許真有一副「阿木林」相，然而若「不屈於物欲」，則很可能就是一位仁者，我們是不應該輕視「敏於事，而慎於言」的似乎是土頭土腦的人物。我們尤其是對那些對於現代科學祇肯「淺嘗即止」而祇是具有一知半解的人所發出的假充內行的「巧言」是應該深惡痛絕。對於這種假充內行的人來說，他若是代表進步，我則寧願甘冒天下之大不韙而反對進步；他若是代表科學，我則寧願反對科學。我不妨略說幾句題外的話，即某些人認爲：我們東方這一套思想完全是農業社會的產物，完全是科學前的文化；「在工業社會裏面，一切傳統的價值體系，不論是好是壞，全都是生了銹的發條，全都不能配合新的齒輪發揮作用」。基於他們底此種論調，他們認爲傳統的中國文化毫無存在的餘地。他們是似乎言之成理的，事實上則祇是假充內行的「巧言」。因爲，所謂在工業社會裏，凡農業社會的文化，不論是好是壞都無作用之說；假如我底理解沒有錯誤；則無異是說，工業社會的文化，完全是被工業社會的經濟基礎所決定。這是一個牽涉得非常廣泛的問題。我祇覺得，若將這種看法看得過於認真，則便會有否認人底自由意志之危險，因爲照這種社會的經濟基礎決定社會的文化的看法，人是不能有自由意志的。若不將這種看法看得過於認真，則這種看法便不是放之四海而皆準的真理。因此，當我們寫一句或說一句話時，必須有「事不苟，故其言自有不得而易者」之存心，我們底錯誤才會少一點。我這種說法，決不是輕視現代邏輯學或現代語意學；我祇是說，假如我們是具備了現在邏輯學或現代語意學的知識而沒有「仁者其言也訒」的修養或自覺，當我們談到有關個人利害的實質的問題時，很可能大部份是錯的。如果他所寫的或所說的，祇是在將他所學得的邏輯學或語意學露一手時，則其錯誤將更大。關於這點，以後我仍將順便的予以辨說。

七、識別仁與不仁的要領

因爲真知之難得與仁之難能；所以「仁者其言也訒」，而且「是故惡夫佞者」與惡夫巧言令色之徒的。現在我擬說明孔子底識別仁與不仁的要領：

子曰：「人而不仁如禮何，人而不仁如樂何。」（八佾）

子曰：「人之過也，各於其黨，觀過斯知仁矣。」（里仁）

子曰：「唯仁者能好人，能惡人。」（里仁）

子曰：「好勇疾貧，亂也；人而不仁，疾之已甚，亂也。」（泰伯）

子曰：「君子而不仁者有矣夫，未有小人而仁者也。」（憲問）

就「人而不仁如禮何，人而不仁如樂何」而言；因爲「人而不仁，則人心亡矣」，故禮不足以「節文」其性情，樂不足以陶冶其性情。至於人而不仁，何以是「人心亡矣」，因爲

「仁，人心也」，所以不仁則人心亡矣。茲祇就仁之必需條件之一的「智」言之：不仁之人，是決不會有毫無偏蔽之真知的；無此真知之人，則其心之所發必不能「發而皆中節」；於是，其人之所以爲人之良知必已不顯其作用；所以不仁之人，其人之所以爲人之本心必已忘失而無疑。再者，不仁之人，因不能「發而皆中節」；所以不仁之人，必是「無序而不和」；如是亦不能行禮樂之正。每逢時衰世亂，樂則失其肅莊，禮則失其秩序；也即是大多數的人，已「無序而不和」的表現。我們既可以從某一個人的生活習慣與其所喜所樂者而察知其人品；亦可以從某一社會的社會秩序與其愛好音樂的傾向而察知某一社會風尙之優劣。自五四以來，因「吃人的禮教」這一觀念甚爲流行；所以「禮」之一字，最爲人所詬病。其實，禮就是一種生活方式；生活方式自可因時代之不同而有變更，禮亦并不是不可損益的。在今日說來，如何能建立民主自由的生活方式，實爲當務之急；而民主自由的生活方式之建立，亦并不是不能從儒家所謂之禮中討出來的。儒家所謂之禮，宋儒解釋爲「天理之節文，人事之儀則」。此所謂「節文」與「儀則」，簡而言之，即是秩序；廣而言之，即是一種生活方式。從一種舊的秩序或舊的生活方式，改變爲另一種生活方式，有所損益這是應當的；然而若盲目的反對禮，則并不是頭腦清楚的人所應當有的行爲。這和堅持以舊的生活方式而面對新的時代者是同樣的愚蠢。再就「人之過也，各於其黨，觀過斯知仁矣」這一點來說，從某人所犯的錯誤，是可以看出某人之存心是否忠厚。朱子對論語此一章的註釋是說：「黨，類也。程子曰，人之過也，各於其類，君子常失於厚，小人常失於薄；君子過於愛，小人過於忍。尹氏曰，於此觀之，則人之仁不仁可知矣」。我們可以這樣的說，人難免是會犯錯誤的動物。

若其所犯的錯誤，是一純知識的問題，這應是易於糾正的。例如我們在學生時代，做數學習題做錯了的時候，當老師指出時，我們會很自然的予以改正。當然，有些純知識的問題，是不會如此的簡單；但亦必祇是「仁者見之謂之仁，智者見之謂之智」。而且，也不會過於堅持其一偏之見的。例如這存在的世界，究竟是波做成的，還是微粒構成的；物理學家底此種煩悶，在現在是已無所謂的，而且在這一問題尚未釐清以前，物理學家亦祇是各自埋頭努力，以求得正確的答案而已，而決不會堅持一己之偏見。但是，若其所犯的錯誤，不是一純知識的問題而是一存心忠厚與否的問題，則麻煩就大得多了。當然，其人存心之是否忠厚以及其人之存心之所以是否忠厚，這固然也可以說是一知識問題；然而其人之是否忠厚，則純爲一存心是否過於愛或是否過於忍的問題。我們認爲，若過於愛，則必流於忍；若過於忍，則必失去其不偏不倚之良知；而其所具有之知識，反足以增長其「過於忍」的不仁之心。不仁之人，每遇實質上與他本身的利害有關的問題，必都不自覺的或自覺的染上偏見的濃霧。因爲不仁之人，既不能以公正的態度來看問題；則必是依其嗜好之傾向而作爲看問題的態度；於是，便形成了錯誤的根源。嚴格的說來，一位真正的仁者，他應是絕對不會犯錯誤的；然而欲至於「從心所欲不踰矩」的境地，則是極其難能的；所以存心忠厚之仁者，當亦難免錯誤；不過，其嗜好之程度必淺，其錯誤之傾向不大而已。也就是說，存心忠厚之仁者，其不忍之心，必常糾正其嗜好之傾向，而使其不流於忍的。因此，從一個人所犯的錯誤，確是可以看出其人之存心是否忠厚。再就「唯仁者能好人，能惡人」這一點來說；這應是說，不仁之人，是不能真的好人或惡人的。孔子曾說：「愛之欲其生，惡之欲其死；既欲其生，又欲其死，是惑也」。通常一般人之愛人或惡人，可以說皆是一種「惑」。一個人之好惡既皆是由於「惑」，則當然便不是一種真的好惡。我們可以這樣的說，一個人之好惡；若完全是以利害作底子；或完全是由於一種薰陶或心理學上所謂的「交替反射」的結果；則這種好惡便不是真的。一個人若不能擺脫毀譽所給予的影響，則這個人便不能算是一個大丈夫。唯仁者才真能是一個大丈夫。這確是很難的。這種難之所以形成，乃由於缺乏一種毫無偏蔽之真知；所以好惡「不得其公正」而不能免於他人之誘惑或愚弄。再其次我們仍須特別陳述的，即我們固可以從一個人的生活習慣與其所喜所惡以及其所犯的錯誤與好惡之真假等而察知其人品；然亦可以作爲衡量自我的標準。再者，我們對於「言必信，行必果」之人，總以爲是屬於君子一類的人物，其實這祇是較市井小人爲高級的不仁之人。憲問篇所說的「君子而不仁者有矣夫，未有小人而仁者也」；這兩句話，確能深深的啓發我們應從一個人的存心忠厚與否去考察其人（也應該連自己在內）是否爲君子或小人。這就是說，一個人之是否爲君子或小人，不是完全從「相人偶」的表現上可以看得清楚的。也就是說，一個人的生活習慣或言行等等，雖不失其爲君子；然若其存心不忠厚，則仍然是一小人。士大夫階層中（請恕我用這個含有封建意識的名詞），這種僞君子而是真小人應是相當多的。這較之滿口仁義道德而行爲上是男盜女娼的大惡人要高出一籌。雖然在本質上仍然是「是皆穿窬之類也」。因此，我覺得仁者與不仁者之分，君子與小人之別，不是僅從外表上或形式上可以看得清楚的；所以仁與不仁乃是實質的或內在的問題。我們不妨說得更明白一點，即一個人存心既不忠厚而又不能「其言也訒」，這固然不能是一個仁者；但是，若能「其言也訒」而存心卻不忠厚時，則仍然不能是一個仁者。我們更不妨這樣的說，當我們讀一篇非常嚴謹的論文時，若作者的存心不忠厚，在表面上看來雖可能是無懈可擊的，但在實質上則必不能沒有錯誤。或許我這個說法未見得完全正確。不過，我總認爲，凡存心不忠厚的人，即令在思想上有嚴格的訓練，在理論上有高深的修養；但是，若遇實質上與其本身的利害有關或與其個人的嗜好傾向有關的問題（那怕此種關係是極其細微的）；他總會不自覺的或甚至是自覺的染上偏見，則應是毫無可疑的。至於等而下之的人，其偏見必是更大。人確是不能免於錯誤。不仁之人，即令在形式上或外表上能掩飾其錯誤，然而在實質上必仍將流露其錯誤。仁者則是以尋求自己底錯誤而存心；所以必能漸漸的免於錯誤。我們認爲，若真能如此存心，我們才真能知道，對不仁之人疾之已甚，也就是自己底錯誤。

八、實踐仁的方法

我們已陳述了：聖是仁之造其極的境界，智是仁之主要內容；同時，也陳述了：真知確是難得而仁確是難能。於是，仁者必因「爲之難」而「其言也訒」。但是，這祇是說「巧言令色，鮮矣仁」，不是說「其言也訒」即是仁者。因爲仁與不仁，乃是一內在的實質的問題；不祇是一外表的或形式的問題。此所謂「不祇是」，實就是說，仁與不仁，決不是一純形式的問題；此所以夷齊之清可以稱之爲聖人，而陳文子之清則不能謂之爲仁。有了此等認識，我們才真能懂得孔子教其門弟子實踐仁的方法：

子曰：「弟子入則孝，出則弟，謹而信，汎愛眾，而親仁，行有餘力，則以學文。」（學而）

樊遲問仁。子曰：「居處恭，執事敬，與人忠，雖之夷狄，不可棄也。」（子路）

子夏曰：「博學而篤志，切問而近思，仁在其中矣。」（子張）

顏淵問仁。子曰「克己復禮為仁──一日克己復禮，天下歸仁焉；為仁由己而由人乎哉？」顏淵曰：「請問其目。」子曰：「非禮勿視，非禮勿聽，非禮勿言，非禮勿動。」顏淵曰：「回雖不敏，請事斯語矣。」（顏淵）

仲弓問仁。子曰：「出門如見大賓，使民如承大祭；己所不欲，勿施於人；在邦無怨，在家無怨。」仲弓曰：「雍雖不敏，請事斯語矣。」（顏淵）

子張問士，何如斯可謂之達矣。子曰：「何哉！爾所謂達者？」子張曰：「在邦必聞，在家必聞。」子曰：「是聞也，非達也。夫達也者，質直而好義，察言而觀色；慮以下人，在邦必達，在家必達。夫聞也者，色取仁而行違，居之不疑，在邦必聞，在家必聞。」（顏淵）

子曰：「富與貴，是人之所欲也；不以其道得之，不處也。貧與賤，是人之所惡也；不以其道得之，不去也。君子去仁，惡乎成名。君子無終食之間違仁，造次必於是，顛沛必於是。」（里仁）

曾子曰：「士不可以不宏毅，任重而道遠，仁以為己任，不亦重乎；死而後已，不亦遠乎？」（泰伯）

子曰：「當仁不讓於師。」（季氏）

子曰：「志士仁人，無求生以害人，有殺身以成仁。」（衛靈）

我們已陳述過，全部論語，除論仁之各章外，「其他各章，雖未明說仁字，亦多可以說是在論仁」。而且，我們也可以說，全部論語多是講的實踐仁的方法。例如學而篇第一章所說的：「學而時習之，不亦說乎；有朋自遠方來，不亦樂乎；人不知而不慍，不亦君子乎」，此所謂之「說」，「樂」與「不慍」；若非仁者，是決不能真能悅此「說」，樂此「樂」，而「不見是而無悶」的；於是，則此所謂之「說」，「樂」與「不慍」，實亦就是實踐仁的方法。準此以觀，則論語凡言學之各章，亦皆可以說即是在講實踐仁的方法；其他如講爲政或從政的各章，亦莫不是講的實行仁政的方法。照這樣說來，論語論仁之各章，當然皆是著重在講仁之實踐的。不過，有的是講仁的最高境界是什麼，而應該從何處下手做起；有的則講仁的主要內容是什麼，而應該著重知的工夫；有的則講仁確是難能的，而應該修養到「從容中道」的地步才真是實踐了仁；有的所講的是應注意外在的表現；有的則是著重於內在的存心。這當然都是講的實踐仁的方法或要領；這是以上各節所已陳述的。而且，以下各節所講的「爲仁之本」，「爲仁貴立志」，「爲仁應著重於夾持自己」，以及「行仁政的基本認識」等等，亦無不是講的實踐仁之方法。至於本節所講的實踐仁之方法，大體上是講，若能躬行實踐些什麼，則就是實踐了仁。實際上，這些工夫都必是徹上徹下的。所以必須有「死而後已」，「殺身成仁」的精神與「當仁不讓於師」的氣概，才是真的實踐了仁。這就是說，凡實踐仁的各種項目，如「弟子入則孝，出則弟，謹而信，汎愛眾，而親仁」；如「居處恭，執事敬，與人忠」；如「博學而篤志，切問而近思」；如「克己復禮爲仁」；如「己所不欲，勿施於人」；如「質直而好義，察言而觀色，慮以下人」；或者，如己立立人，己達達人；如「能好人，能惡人」；如「其言也訒」；以及如忠與清，剛毅與木訥等等；都決不能祇是表面的工作或表面的文章。也就是說，亦決不是祇從「與人相人偶」的表現上而是實踐了諸如此類的項目便是實踐了仁；但是，亦不是說，若真的是實踐了諸如此類的項目而又果能「徹上徹下」，我們仍不能說是真的實踐了仁。程子對子路篇的樊遲問仁而解釋爲：「此是徹上徹下語，聖人初無二語也。充之則睟面盎背；推而達之，則篤恭而天下平矣」。程子此說是確能深得聖人之旨。我認爲明儒史玉池之說，是深能發揮程子底「徹上徹下」之至意的。玉池先生說：

> 今世講學主教者，率以當下指點學人，此是最親切語。及叩其所以，卻說饑來吃飯困來眠，都是自自然然的，全不費工夫。見學者用工夫，便說本體，原不如此；卻一味任其自然，任情從欲去了。是當下反是陷人的深坑。不知本體工夫，分不開的。有本體自有工夫，無工夫即無本體。試看樊遲問仁，是向夫子求本體，夫子卻教他做工夫。曰：居處恭，執事敬，與人忠。凡是人於日用間，那個離得居處執事與人境界。故居處時便恭，執事時便敬，與人時便忠，此本體即工夫。學者求仁，居處而恭，仁就在居處；執事而敬，仁就在執事；與人而忠，仁就在與人。此工夫即本體。是仁與恭敬

忠原是一體，如何分得開？此方是真當下，方是真自然。若饑食困眠，禽獸都是這等的。以此為當下，卻便同於禽獸，這不是陷人的深坑？且當下全要在關頭上得力。今人當居常處順時，也能恭敬自持，也能推誠相與，及到利害的關頭，榮辱的關頭，毀譽的關頭，生死的關頭，便都差了。則平常恭敬忠，都不是真工夫。不用真工夫，卻沒有真本體。故夫子指點不處不去的仁體，卻從富貴貧賤關頭。孟子指點不受不屑的本心，卻從得失生死關頭。故富貴不淫，貧賤不移，威武不屈，造次顛沛必於是，舍生取義，殺身成仁，都是關頭時的當下。此時能不走作，纔是真工夫，纔是真本體，纔是真自然，纔是真當下。（見明儒學案）

玉池此說，是說得非常透澈而中肯的。此當係針對王學末流而發。其實陽明先生亦必是贊成「有本體自有工夫，無工夫即無本體」之說的；此可從陽明傳習錄中而獲得佐證。我們認為，祇有喜歡耽空滯寂之佛教徒，才會專心致志於徹上而忽視徹下的工夫。孟子曰：「未有仁而遺其親者也；未有義而後其君者也」。又曰：「仁之實，事親是也；義之實，從兄是也」。一個真正的儒者，他必會不忽略徹下的工夫的。這就是儒佛之所以不同。然而若不知徹下就是徹上，而祇是表面上做些「為仁」的工夫，這當然是不會識得此心之仁的。凡論語中言實踐仁的工夫或方法之各章，必須有如史玉池之理解，才能有正確之理解；亦才能真知程子所謂的「徹上徹下」與仁是可以「通乎上下」是什麼意義。再者，照玉池此說，仁就是本體；或者說，仁就是本體的屬性。仁何以是本體？這是一哲學底本體論底問題，這在導論中，已有較爲詳盡的說明。不過，概略的說來，照宋明理學家底看法，這形而下的森羅萬象的宇宙之存在，是這形而上的本體稱其所有的顯現。伊川底「體用一原」之說，康節底「伏羲八卦次序圖」，皆可作如此說。（由此已可見儒家的形上學，可以說是一種實在論。譚嗣同先生將仁名之為「以太」，看似穿鑿；意實得之！同時，譚瀏陽殺身成仁，捨生取義，實可謂之仁者。他對仁之理解，實較阮元輩高明多了。）這就是說，這存在底本體是這存在底現象或大用之根源；也就是說，此用是此體之顯現；此用既是此體所顯現的，而且，此用是有我們所謂之見聞覺知，則此體亦必是有我們所謂之見聞覺知之自性；因此，必是發於自性之見聞覺知，才是真知；或者說，此本體之知才是我們人類底真心。仁就是此本體之知未被物慾所薰染的表現。程朱所謂的「仁者天下之正理」，「事理之當然」，「義理之當然」，或「天理之自然」等，皆應作如是解釋。玉池以仁爲本體，其義亦是如此。此等說法，是否即孔子底原意呢？此可從兩方面來說明之：第一，中庸曰：「喜怒哀樂之未發，謂之中；發而皆中節，謂之和。中也者，天下之大本也；和也者，天下之達道也」。此所謂之中，可以說即是仁之本體，亦即是道心之未發；此所謂之和，可以說即是仁之表現，亦即是道心之已發。中庸姑無論爲何人所作，這應是去孔子未遠的一部著作；所以決不能說是受了佛家影響以後的書，照說是應能表達孔子底原意。第二，子貢曾說：「夫子之文章，可得而聞也；夫子之言性與天道，不可得而聞也」。子貢此說，姑無論作何種解釋，均足證孔子必有其一套形而上的系統。以子貢此所說的，再與中庸所謂之中和相印證，則知孔子所謂之仁，必含有「徹上徹下」之深意。因此，說仁是本體之知的自然流行的表現，這應是不失孔子言仁之原意。至於此本體之知的自然流行究竟是表現了些什麼，則當然就是恭敬忠等等；因爲此恭敬忠等等，是可以橫通縱貫於心靈的各方面而毫無滯礙的。也可以說，必須是可以橫通縱貫於心靈各方面而毫無滯礙的，才是本體之知的自然流行，亦才是「吾道一以貫之」的一。「一即一切，一切即一」，此說法是很好的。我們之所以說忠與清是仁之充足條件，而且也說過「仁之必需條件是不能遍舉的」，於此應已無疑義。同時，亦應知阮元及所有漢學家的謬誤是千真萬確的，因爲他們確是不識仁之真義。照樣說來，吾人實踐仁時，是應該認識仁之本來面目而不使其走作，才真是實踐了仁。不過，吾人在人常日用方面去實踐仁時，仍須依孔子所說的實踐仁之方法而切切實實的去實踐。

九、為仁之本

以上是已較爲詳盡的辨說了我們「是可以用一個工夫而識得此心之仁且能行之得當」；此「行之得當」才是真的實踐了仁。這就是說，欲真能實踐仁，是必須具有哲學家底智慧而又能真心真意的實踐自己底所知。孟子曰：「君子深造之以道，欲其自得之也；自得之，則居之安；居之安，則資之深；資之深，則取之左右逢其原；故君子欲其自得之也」。孟子此說，是應該如何的以實踐仁的最好的說明。程子曰：「學不言而自得者，乃自得也；有安排布置者，皆非自得也；然必潛心積慮，優游厭飫於其間，然後可以有得；若急迫求之，則是私己而已，終不足以得之也」。我們之所以反對阮元，及所有的漢學家，乃是照漢學家之說，不足以「深浩之以道」；我們之所以不贊同釋氏之徒的意見，乃是他們底祇講求當下承當，實祇是「私己」之心以「徹上」的形式而「急迫求之」的表現。我們既已證明了我們底主張的正確；於是乃可以進一步的從論語論仁之各章中而看出「為仁之本」是什麼。當然，此所謂的「為仁之本」，必是天經地義的。

有子曰：「其為人也孝弟，而好犯上者鮮矣；不好犯上，而好作亂者，未之有也。君子務本，本立而道生；孝弟也者，其為仁之本歟？」（學而）

宰我問：「三年之喪，期已久矣。君子三年不為禮，禮必壞；三年不為樂，樂必崩。舊穀既沒，新穀既升；鑽燧改火，期可已矣。」子曰：「食夫稻，衣夫錦，於女安乎？」曰：「安。」「女安則為之。夫君子之居喪，食旨不甘，聞樂不樂，居處不安，故不為也。今女安，則為之。」宰我出，子曰：「予之不仁也？子生三年，然後免於父母之懷。夫三年之喪，天下之通喪也。予也有三年之愛於其父母乎。」（陽貨）

「君子篤於親，則民興於仁；故舊不遺，則民不偷。」（泰伯）

對父母應不該孝順，在現代來說，這早已是一個會發生爭辯的問題；否則，在大陸上，決不會發生兒子將母親鬥爭致死的慘劇。前幾年，我記得有兩句傳頌一時的話，即：「周東的兒子殺周東，胡適的兒子罵胡適」。我個人認為，即令共產主義政體，確是使被統治的人，無絲毫敢反抗的餘地；也就是說，在共產黨底極權政治之下，確是連不說話的自由也是沒有的；但是，假如在一般年青人的心目中，而認為父母是應該孝順的，我相信共產黨也決不致強迫兒子罵父親，或甚至強迫兒子殺父母的。民國八年，胡適在「每週評論」發表「胡適之體」的詩一首，題爲「我的兒子」：

我實在不要兒子，兒子自己來了。「無後主義」的招牌，於今掛不起來了。譬如樹上開花，花落偶然結果。那果便是你，那樹便是我。樹本無心結子，我也無恩於你。

但是你既來了，我不能不養你教你；那是我對人道的義務，並不是待你的恩誼。將來你長大時，莫忘了我怎樣教訓兒子：我要你做一個堂堂的人，不要你做我的孝順的兒子。

這一首詩，從詩的觀點來說，是否爲一首好詩，這是應該由文學家評定的。據說這首詩當時曾受到汪長祿的批評，胡適亦曾有答辯，都收在「胡適文存」卷四中；我因手頭無此書，亦不知他們是爭論些什麼。不過，從胡適的這首詩看來，胡先生應是一個非常慈愛的父親。王陽明傳習錄下有一段這樣的記載：「鄉人有父子訟獄，請訴於先生。侍者欲阻之。先生聽之，言不終辭，其父子相抱慟哭而去。柴鳴治入問曰，先生何言，致伊感悔之速。先生曰，我言舜是世間大不孝的子，瞽瞍是世間大慈的父。鳴治愕然請問。先生曰，舜常自以爲大不孝，所以能孝；瞽瞍常自以爲大慈，所以不能慈。瞽瞍只記得舜是我提孩長的，今何不曾豫悅我。不知自心已爲後妻所移了，尚謂自家能慈，所以愈不能慈。舜只思父提孩我時如何愛我，今日不愛，只是我不能盡孝。日思所以不能盡孝處，所以愈能孝。及至瞽瞍底豫時，又不過復得此心原慈的本體；所以後世稱舜是箇古今大孝的子，瞽瞍亦做成箇慈父」。胡先生既然「不要你做我的孝順的兒子」，而又能對兒子盡「對人道的義務」，當能比瞽瞍的思想要進步，必一定是個非常慈愛的父親。「爲人父，止於慈。」胡先生的這種思想與儒家的思想亦并非不相容的。但是，胡先生底詩，卻過於抹煞了親子之間的極其自然的感情，未免太理智化了點。我無意責怪胡先生。我祇是說，否定親子之間的極其自然的感情的歌頌，在我國至少已有四十多年歷史。也就是說，對父母應不應該孝順，確是早已引起爭辯的一個問題。當然，胡先生底詩是祇頌揚父親不應該要兒子孝順他，而沒有說兒女不應該孝順父母。然而亦卻不能說，胡先生底詩，是沒有「兒女不應該孝順父母」的暗示作用。民國二十三、四年，我在中學讀書的時代，即有老師們依據胡先生底理論而宣揚兒女不必孝順父母。我個人認爲，父母要兒女做一個堂堂的人，而不要兒女祇做個孝順的兒女，這是很正當的；但是，兒女便因此而認爲不應該孝順父母，則便是喪失了人性。現在，更有人依據工業社會的小家庭制，及西方人不講求孝順父母的情形，而論定孝道是農業社會的產物，在工業社會無保存的餘地。我個人認爲，祇要兒女肯孝順父母，小家庭制亦并不是完全會妨礙兒女對父母的孝順。當然，如農業社會的晨昏定省，是不一定能做得到的；亦或者因各謀生活而事實上無法做到對父母的孝順；但是，當經濟能力許可其克盡孝道時而仍將父母視同路人；或甚至使父母仍賴社會的救濟維持其僅免於饑寒的生活，而自己則可得到豪華的享受；我相信有教養的西方人，是決不會如此的。即令西方社會果有類此的事實；這應是如心不安的事而不足以爲訓的。我深深地知道：「現代大都市底居民住在龐大的建築物裏面，失去心靈生活。家，曾經是人底堡壘，用以保障生命財產的；可是，在這些大都市裏，所謂家也者，不過變成食住之所而已。生活二字是不容易用到的」（見殷海光譯「西方之未來」第七六面）。這是「我們這個時代底象徵之一」；這是「西方文明在精神方面的演化也引起社會上道德標準之相應的演化」；這或許是無可避免的；然而這正是「文明之矛盾與衝突的後期」。這位「西方之未來」底著者德貝吾（J.G.DE. BENS）曾說：「有許多文明，因其人民與治理者之決意而振興。有許多文明則因其人民與治理者無此決意，便告淪亡」（同上第一〇三面）。我個人認爲，對於「道德標準之鬆弛」而加以頌揚；或者說這是無可避免的時代趨勢；這決對不是一種振興的決意。我非常贊成德貝吾所說的：「有時，反逆舊日的事物，往往是生命健康底記號；而且，要產生藝術上新的派別或形式，反逆德統是不能避免的事。可是，我們不能因此說，反逆傳統即是真理。現代有許多人以爲，否認一切傳統，不承認任何事物，即等於創造新事物。這種想法是錯誤的。大家都這麼想，就會走上虛無主義之路」（同上第九二面）。我之所以要引述德貝吾所說的這些話，這意思是說，許多人爲反對舊的傳統而也反對孝道，實是不正當的。因此，凡對於孝道有一種不好的暗示作用的論調，實亦未便完全贊同。我之所以如此說，也有著教育的意義。桑戴克（Thorndike）底「練習定律」（Law of Exercise）可以簡單的概括爲兩句話：第一，一個動物傾向於重複能夠給牠以快感的反應；第二，一個動物傾向於重複牠以前所常做過的反應。如果以爲這種理論可以準確的計算動物的學習歷程，這是有許多困難的；而且我也不完全贊同此種理論；但是我們卻也不能說，宣揚孝道是不足以加強人底孝順父母的傾向；因此，從教育的觀點說，我們也不宜贊成「祇頌揚父親不應該要兒子孝順他」的論調。於是，我們乃可以進而辨說孝弟何以是爲仁之本。我們認爲，人之應不應該孝順父母，這完全是於心安不安的問題。有人如果認爲不應該孝順父母而心安，我們也祇能效孔子的口吻而說「女安則爲之」。但是，如果是依據父母不應該要兒女孝順的理論而推論兒女不應該孝順父母，我們則應該說這是一不正當的推論。孔子對宰予之指責，陽明所講的大舜之存心，都可以作爲我們底此種主張之依據。也就是說，認爲兒女不應該孝順父母的各種理由，如父母之所以生兒育女，祇是父母爲發洩情慾的結果等主張，皆是不正當的。如果是依據經濟制度方面的理由；這理由也是不充分的；而且，這是工業文明的病態，至少是不應該盲目的倣效的。如果認爲這是無可避免的結果；這雖然是一個值得爭辯的問題；但是，亦可歸結爲於心安不安的問題。因此，兒女之應不應該孝順父母，完全是一內在的理由爲標準的問題；所有外在的理由，可以說，完全是因爲過於世俗化或過於理智化的結果。也就是說，這完全是一種事後的理性化的作用。許多人不肯究明此點，并隨聲附和的而予以頌揚，實不能說這是一種有意義的行爲。照這樣說來，一個人若真能放棄功利主義的觀點而訴之於內心底安與不安，我相信任何人都會感覺到是應該孝順父母的。若用儒家底理論體系來說，一個人若真能有一種喜怒哀樂未發時之心境；然後再以此種心境來應事，他必是自然而然的對父母會孝，對兄長會弟。這就是宋明理學家所謂之天理之自然或人之所以爲人的本性。當一個人果有一種喜怒哀樂未發時之心境則必能孝弟或恭敬忠等等；這是一親身經歷的問題而不是一理論的問題；也就是，是一肯不肯實踐的問題而不是一能不能實踐的問題。我覺得，若真的是「我要你做個堂堂的人」，「你」至少也會「做我的孝順的兒子」。這就是說，凡是一個堂堂正正的人，他決對不會不孝順父母的。至於儒家所謂的弟，乃是孝底意義之推廣；乃是因爲大人愛護小孩而青年人也應該敬重年長者的一種忠恕之道；也就是對社會秩序的尊重。老年人與青年人難免有思想上的矛盾與衝突的；但對於老年人則不能因其可欺而欺之；自亦不能以欺侮老年人爲光榮。至於對「老而不死是爲賊」之年長者，自亦必有人「以杖叩其脛」的，年青人又何必過於不尊重年長者。再就孝弟之道被專制君主之利用而阻礙社會底進化而言，這祇是專制君主曲解了孝弟之道。我們可以這樣的說，任何專制君主必皆是不孝不弟之人。因此，我們也可以這樣的說，做父母的如果祇要兒子孝順自己，這是父母底自私，瞽瞍是此類父母的代表。做兒女的如果認爲不應該孝順父母，這便是失去了人性，真是連禽獸還不如。我每見母狗哺乳小狗時，其對於小狗的安全，真是竭盡其力之所能而予以維護。母雞亦常奮不顧身的以保護小雞。我自己亦是有兒女的中年人。因此，乃使我想起父母的養育之恩，我實未能報答於萬一。我底父母從未希望我做個孝順的兒子，我亦未能稍盡孝思。近十餘年來，亡命海外，每於陰曆年前後，懷念生死莫卜的雙親，總會有一種不安的痛苦。一個人，假如連此種不安之心都沒有，這個人是決不能有實踐仁之工夫的。因此，我們要真能實踐仁而移風易俗，是應該從實踐孝弟之道做起。

十、為仁貴立志

因爲孝弟之道的實踐，既是一肯不肯實踐的問題，而孝弟又是爲仁之本，所以仁之實踐，亦是一肯不肯實踐的問題。在論語論仁之各章中，對此亦有非常明白的陳述：

子曰：「仁遠乎哉，我欲仁，斯仁至矣。」（述而）

子曰：「我未見好仁者，惡不仁者；好仁者，無以尚之；惡不仁者，其為仁矣，不使不仁者，加乎其身。有能一日用其力於仁矣乎？我未見力不足者。蓋有之矣，我未之見也。」（里仁）

子曰：「苟志於仁矣，無惡也。」（里仁）

子曰：「民之於仁也，甚於水火；水火吾見蹈而死者矣，未見蹈仁而死者也。」（衛靈）

以上各章，都即是說，祇要我們「苟志於仁」，則可以得到仁。惟須略爲說明者：第一，所謂「民之於仁也，甚於水火；水火吾見蹈而死者矣，未見蹈仁而死者也」。這意義是說：「民之於水火，所賴以生，不可一日無；其於仁也亦然。但水火外物，而仁在己。無水火，不過害人之身；而不仁，則失其心；是仁有甚於水火，而尤不可一日無者也。況水火有時而殺人，仁則未嘗殺人，亦何憚而不爲哉」（見朱子四書集註）。朱子底此種解釋，大致是不錯的。然則人爲什麼不能像需要水火一樣的而「爲仁」，這當然就是未能立志。志士仁人之所以能殺身成仁；則是志士仁人之於仁，確是「甚於水火」的。第二，所謂「我未見好仁者，惡不仁者」；這即是說，我未見真知仁之可好者與真知不仁之可惡者。至於人為什麼不能「好仁」而「惡不仁」，這仍是由於不能立志；所以，祇要「有能一日用其力於仁矣乎，我未見力不足者」；於是，我們應更是明白了，「為仁」確祇是一肯不肯的問題。我有一位朋友，他常說，我們讀書，是希望照書上所說的去做。對於他此所說的，若不細加分辨，必以為這便是不錯的。實際上，這仍是不肯立志的一種遁辭。我個人認為，「苟志於仁矣」，則可以不必照著書上所說的去做，而所做的必皆合於書上所說的。所謂「先立乎其大者」；所謂「六經註我，非我註六經」；姑無論其原意如何，亦皆可作如此說。我之所以如此說，并不是反對讀書；因為讀書可以增加我們的見聞或可以增強我們的解釋所遭遇的問題之能力。亦不是反對照書上所說的去做，而是說若刻版的照書上所說的去做，大致上必都是會做錯的。因為，若不真知仁之可好而好之，則所謂照著書上所說的去做，亦必祇是利用書上所說的而使其不安之心獲得一含混不清的暫時的苟安而已。照這樣說來，所謂肯不肯「為仁」的問題，實際上亦就是能不能真知仁之可好的問題。本來，立志與誠意應就是一回事。我誠心誠意的照書上所說的去做，是應該可以說就是立志。但是，我既然願意誠心誠意的照書上所說的去做，為什麼卻不能真知仁之可好而好之，此必是我之心意仍有不正不誠之處，亦必是此志仍是未立；否則，決不會說讀書是希望照書上所說的去做的。第三，我們仍須進一步說明的，即初學者是應該照書上所說的去做的；及至因學而有覺，則須融會貫通此理，俾能無往而不自得。這就是說，為學的工夫是有一定之階段或進度的。吾人若祇停留於模倣的階段，或者以為不必經過模倣的階段，這都是不正確的。因此，所謂「立志」，必因爲學的進度有不同，而所立之志亦不同。孔子曰：「吾十有五而志於學，三十而立，四十而不惑，五十而知天命，六十而耳順，七十而從心所欲不踰矩」。照這樣說來，爲學的進度，應因年歲之長少而大有不同的。若年長者而仍留在模仿的階段，亦足證此志未立；所以其爲學的工夫未有進步。這就是說，爲學的工夫若果有進步，則其「心之所之」亦必不同。明儒鄒聚所說：「凡功夫有間，只是志未立得起。然志不是凡志，須是必爲聖人之志。若不是必爲聖人之志，亦不是立志。若是必爲聖人之志，則凡行得一件好事，做得一上好工夫，也不把他算數」（見明儒學案）。照這樣說來，立志爲仁，實就是立志爲聖人；若無學聖人之立志，則便是無爲仁之立志。我個人認爲，一個人有無學爲聖人之志，即是有無「聖人必可學而至」之認識；所以一個人爲仁之程序，是先有志於學，然後再有志學爲聖人。第四，關於立志之說，鄒聚所還有一段很透闢的見解。他說：「這點良知，徹頭徹尾，無始無終，更無有惡念發而不自知者。今人錯解良知作善念。不知知此念善是良知，知此念惡亦是良知，知此無善念無惡念也是良知。常知便是必有事焉。其不知者，非是你良知不知，卻是你志氣昏惰了。古人有言曰，清明在躬，志氣如神。豈有不自知的，只緣清明不在躬耳。你只去責志，如一毫私欲之萌，只責此志不立，則私欲便退聽；所以陽明先生責志之說最妙」（見明儒學案）。照聚所此說，良知之所以不知，乃是志氣昏惰。若志氣如神，則清明在躬。照我個人的看法，清明在躬，是有程度深淺之別的。即如我現在寫這「孔子仁學原論」，若清明不在躬，便無法動筆，更不能感覺出志氣如神的心境。就我個人的體驗來說，祇有在能感覺出浩然之氣的時候，才真會志氣如神。

照這樣說來，淸明在躬，應是有程度深淺之別的。因此，我們應以此心之寧靜爲基礎，而毫不客氣的以淸除雜念；俾使淸明在躬之程度加深，而顯出如神之志氣；於是，才是眞立志，亦才眞能實踐仁。照這樣說來，仁之實踐，雖祇是一肯不肯實踐的問題；然而如何修養此肯實踐之心，亦是應該特別考究的，湛甘泉曰：「夫學以立志爲先，以知本爲要。不知本而能立志者，未之有也。立志而不知本者有之矣，非眞志也。志立而知本焉，其於聖學思過半矣。夫學問思辨，所以知本也。知本則志立，志立則心不放，心不放則性可復，性復則分定，分定則於憂怒之來，無所累於心。性無累，斯無事矣。苟無其本，乃憧憧乎放心之求，是放者一心，求之者又一心也。則情熾而益鑿其性，性鑿則憂怒之累無窮矣」（見宋元學案）。甘泉先生此說，是說立志與知本并非二事。這即是說，肯不肯學是先，而識得此本然之天理則爲最要。也就是說，我們必須有志於眞知仁之所好而好之，我們才眞能實踐仁；所謂爲仁最重立志，其意義應是如此。必須如此，則眞知雖是難得而仁雖是難能，卻亦必能循序漸進而至乎究極之地。

十一、為仁應著重於夾持自己

我們認爲，欲眞能實踐仁，除了要有志於眞知仁之所好而好之以外，仍須要著重於夾持自己。這是實踐仁的最不可忽視的工夫。在論語論仁之各章中，孔子亦曾有好幾次提到此點：

子曰：「里仁為美，擇不處仁，焉得知。」（里仁）

曾子曰：「君子以文會友，以友輔仁。」（顏淵）

子貢問為仁。子曰：「工欲善其事，必先利其器，居是邦也，事其大夫之賢者，友其士之仁者。」（衛靈）

「雖有周親，不如仁人。」（堯曰）

子曰：「志於道，據於德，依於仁，游於藝。」（述而）

以上各章，如里仁篇，顏淵篇，衛靈公篇所說的，「里仁爲美」，「以友輔仁」，及「事其大夫之賢者，友其士之仁者」等，皆是要我們著重於夾持自己。我們認爲，一個人除了已臻「從心所欲不踰矩」的境地外，任何人都難免要受環境的影響。尤其重要的，假如我們能「友其士之仁者」，我們便因有朋友的夾持而不敢行不仁不義之事；這樣，我們才真能立志而日進於德。陽明先生曰：「始吾登堂，每有賞罰，不敢肆，常恐有愧諸君。比與諸君相對，久之，尚覺前此賞罰猶未也。於是思求其過以改之。直至登堂行事，與諸君相對時無少增損，方始心安。此即諸君之助，固不必事事煩口齒也」（見王陽明年譜卷一）。可見陽明是如何的「恐有愧」學生而以之夾持自己。照這樣說來，一個人要真能夾持自己以日進於德，首先要自己願意被夾持；若自己願意被夾持，則一方面必能慎擇交遊，一方面必能戒慎恐懼而恐有愧於朋友師長或甚至於恐有愧學生與子弟。曾子曰：「啓予足，啓予手。詩云，戰戰兢兢，如臨深淵，如履薄冰，而今而後，吾知免夫」。這是曾子說他的所以保之之難，必至於將死，才敢確定能以全歸爲免。一般迂儒，祇知曾子平日以身體受於父母不敢毀傷，卻不知曾子對於身體髮膚之不敢毀傷，并非祇是全其軀，而是要以全其軀的以全其心，亦即是要以戰戰兢兢的全其軀的工夫而達成全其心的目的。若曾子底目的祇是全其軀，則「戰陣無勇非孝」之說便不能成立；而且，曾子亦必祇是一貪生怕死之小人；斷不致在將死時而能如此從容的令其門弟子以啓其手與足，以示其是無虧而全歸。因此，我們須特爲辯明的，即我們之所以應該如臨深履薄而戰戰兢兢，乃是恐此心有虧而有愧於人的以喪失此心之全。我們認爲，此喜怒哀樂未發之中，即是此心之全；此發而皆中節之和，即是能保持此心之全。然而任何人都難免受環境的影響而形成通常一般人所謂的習染之污，所以必須戰戰兢兢的而恐因習染之污以矇蔽此心之全。必須如此存心，才真能有所畏懼而願意著重於夾持自己。老子曰：「勇於敢則殺，勇於不敢則活」。姑無論老子此說之原意若何，我們卻可以說，能勇於不敢才真能勇於敢的。因爲通常一般人所謂之勇於敢，并不是真的勇敢，而祇是一種盲目的衝動。任何一種真正的勇敢，必是由於戒慎恐懼之誠而自覺無愧於心的所產生的一種浩然之氣。照這樣說來，我們是祇有時存戒慎恐懼之心而能絲毫不爽的以體察自己的過失，才真能時時刻刻的著重於夾持自己；也才能勇於敢的以實踐仁。明儒聶雙江說：「才覺無過，便是包藏禍心。故時時見過，時時改過，便是江漢以濯，秋陽以暴。夫子只要改過，鄉愿只要無過。機械變詐之巧，蓋其機心過熟，久而安之。其始也生於一念之無恥。其究也習而熟之，充然無復廉恥之色，放僻邪侈，無所不爲，無所用其恥也」（見明儒學案）。我們認爲，人之所以被習染所污，必是「生於一念之無恥」；欲能除此一念之無恥，惟有時存戒愼恐懼之心。因爲戒愼恐懼乃誠意之最先決條件，而誠意乃責志之基礎。當然，若真能責志以行仁，則亦必能時存戒愼恐懼之心而時時著重於夾持自己。不過，從實踐仁之工夫的次序來說，當我們有志於行仁之後，則應時存戒愼恐懼之心而以之夾持自己，及至工夫純熟，則此志必不少懈而真能至於仁之究極之地；於是，則此心之全才真能保持。所以，實踐仁的方法，除了應瞭解爲仁的項目與爲仁之本外，其餘最重要的則爲責志以行仁與著重於注意夾持自己。而夾持自己的方法，則是以戒愼恐懼存心并願接受他人的夾持。這樣才真能除此一念之無恥而日進於有得。現今有許多人，雖亦能口誦堯舜之言；或者，亦能於生活起居各方面而做得能中規中矩；但因未能除此一念之無恥，所以終至成爲無恥之小人。此等人士，即令是「智及之」，卻因「仁不能守之」，所以是「雖得之必失之」的。至於智不能及之人，則更祇是作僞而已；而且，其表現於人與人之方面，亦無不是表現其「機械變詐之巧」的。我們還可以確定的說，卑劣詐僞之徒，他自己滿以爲可遮盡天下人的耳目，實際上他祇是自己騙自己而已，他何能有實踐仁之真工夫。當然，他們亦不能真的「游於藝」而有得於心的。

十二、行仁政的基本認識

我們既已從論語論仁的各章而陳述了實踐仁的各種方法以及其徹上徹下的意義；現在更擬從行仁政的基本認識而陳述論語之論仁，固著重於「相人偶」之表現；然而其最重要的，仍在於能否以仁存心：

子張問仁於孔子。孔子曰：「能行五者於天下，為仁矣。」請問之。曰：「恭寬信敏惠。恭則不侮，寬則得眾，信則人任焉，敏則有功，惠則足以使人。」（陽貨）

子張問於孔子曰：「何如斯可以從政矣。」子曰：「君子惠而不費，勞而不怨，欲而不貪，泰而不驕，威而不猛。」子張曰：「何謂惠而不費？」子曰：「因民之所利而利之，斯不亦惠而不費乎？擇可勞而勞之，又誰怨？欲仁而得仁，又焉貪？君子無眾寡，無小大，無敢慢，斯不亦泰而不驕乎？君子正其衣冠，尊其瞻視，儼然人望而畏之，斯不亦威而不猛乎？」（堯曰）

子貢曰：「管仲非仁者與？桓公殺公子糾，不能死，又相之。」子曰：「管仲相桓公，霸諸侯，一匡天下，民到于今受其賜。微管仲，吾其被髮左衽矣。豈若匹夫匹婦之為諒也，自經於溝瀆，而莫之知也。」（憲問）

子路曰：「桓公殺公子糾，召忽死之，管仲不死。」曰：「未仁乎？」子曰：「桓公九合諸候，不以兵車，管仲之力也。如其仁！如其仁！」（憲問）

我個人認爲，恭寬信敏惠，固是實踐仁的工夫；而尤其是行仁政的基本要領。一個從事政治活動的人，若不能從此等方面下真工夫，是很難有真的成就。在民主社會，這五者是尤其重要的。再者，就堯曰篇所說的以及陽貨篇此所說的看來，此似是著重於「相人偶」之表現方面；實際上，一個人若能對恭寬信敏惠下真工夫，則必能得真本體；然而若祇是做些表面的工夫，亦必祇是騙己騙人而不能達成恭寬信敏惠所應達成的標準或境地。我們認爲，真正的恭寬信敏惠，必是此本體之知未被物慾所薰染而表現爲知之各種形式，亦就是因事物之不同而表現出各種不同之項目。至於所謂「因民之所利而利之」等等，亦必是能以仁存心，才真能做到「惠而不費，勞而不怨，欲而不貪，泰而不驕，威而不猛」。許多人以爲「正其衣冠，尊其瞻視，儼然人望而畏之」，祇須表面上做到如此便已可稱之爲「君子」；或者說，這完全都祇是表面的工夫。殊不知，通常所謂之「假道學」，皆祇是做表面的工夫的。我們可以確定的說，凡實踐仁的工夫，皆不祇是表面的工夫。因此，所謂「正其衣冠，尊其瞻視，儼然人望而畏之」；若是有得於心的一種表現；或者，若是「知及之，仁能守之，莊以涖之」與動之以禮的表現；這才能算是一種真工夫。也或者，以此種「莊以涖之」與動之以禮的外表的工夫而作爲一種夾持自己的工作，久而久之，也會能有得於心而識得此心之仁的。但是，若祇是以「儼然人望而畏之」爲目的，則便是真小人的「假面具」，將永遠的助長其爲真小人而永遠的不能成爲真君子。於是，我們是不能祇從「相人偶」之表現方面，而認爲這就是仁的實踐工夫。當然，我們欲真能行仁政，此種認識實是最基本的。其次，我們便可以進而陳述孔子的稱許管仲，其理由究竟是何在了。照一般人的看法，「桓公殺公子糾，召忽死之，管仲不死」；而管仲終能「相桓公，霸諸侯，一匡天下」；這就是所謂成大事者不惜小節。子夏曰：「大德不踰閑，小德出入可也」（子張）。子夏此說，許多人認爲實就是孔子之所以稱許管仲的理由。我們認爲，此等說法亦未嘗不是。然而最重要的一點，乃是管仲有「一匡天下」而「不以兵車」之才與志。此種「志」即志於仁之志，此種「才」即是可以實踐仁之才。管仲有此志與才，此所以孔子稱許管仲。管仲確是有自知之明而又真能利用可乘之勢的英雄豪傑之士。管仲之才與志，即是聖人之資。王陽明認為蘇秦張儀之智是聖人之資；而且，「儀秦亦是窺見得良知妙用處，但用之於不善爾」（傳習錄下）。我們認為，管仲亦必是識得此心之仁；惟因守之不純而「器小」；所以孔子只許其功業而責其不知禮。照這樣說來，我們欲真能行仁政，最重要的是要有良好的宗旨或主義；而且要真能為貫徹自己底理想而努力。大體上，管仲是真能貫徹自己底理想的。他若能生於當今之世，實是一個非常了不起的政治家；而且，由於民主主義的薰陶，他亦不致不知禮而表現得「器小」的。至於孟子所謂的「仲尼之徒，無道桓文之事者」以及所謂「管仲曾西之所不為也」，這亦祇是表示孟子底氣魄確是大於管仲。我們斷不能據此而抹煞管仲的成就。孟子亦曾說：「今之諸侯，五霸之罪人也」。足見孟子亦并不是完全輕視管仲之成就的。不過，孟子認為「管仲得君，如彼其專也；行乎國政，如彼其久也」，而竟不能行王道，實是管仲之器小而不值得推崇而已。然而流風餘澤，一直到孔子之時仍「受其賜」；此所以孔子稱許其「如其仁，如其仁」的。於是，任何從事政治活動的人士，若果能獲得類似管仲之成就，我們也可以說，他已是實行了仁政。

十三、仁之真義

基於以上的解析，我們現在乃可以進而陳述仁之真義究竟是什麼了。因為，我們若不將論語論仁之各章，依以上之系統予以簡要的說明；我們對於以下兩章，是很難有正確的理解的：

> 冉有曰：「夫子為衛君乎？」子貢曰：「諾！吾將問之。」入曰：「伯夷叔齊何人也？」曰：「古之賢人也。」曰：「怨乎？」曰：「求仁而得仁又何怨！」出曰：「夫子不為也。」（述而）
>
> 微子去之，箕子為之奴，比干諫而死。孔子曰：「殷有三仁焉！」（微子）

以上兩章，是直言夷齊，微子、箕子、比干等皆爲仁者。夷齊與比干，是殺身以成仁。說他們是仁者，此固無可疑。但是，「微子去之」，何以可稱之爲仁者；而陳文子「棄而違之」，又何以不可稱之爲仁者？而且，去之與爲之奴，與諫而死，又何以都可稱之爲仁者？我認爲朱子所謂的「微子見紂無道，去之以存宗祀」，此所以謂之仁。此雖不無理由，實不能說是一充足理由。即令「微子去之」是有其充足的理由而可以許之爲仁；然則「箕子爲之奴」，又應該作何解釋？我們認爲，凡是從外在的觀點而說的理由，都必是事後的理性化的作用，所以必都不是真正的理由。註疏家固未嘗不可以如此說；然而若真的信以爲真，實亦是未能讀通論語的一種支離之見。從歷史底觀點來說，生逢如桀紂之衰世，實是人生之大不幸，亦即此是一大悲劇之時代；若湯武果是當作喜劇而欣賞之，則湯武亦是不仁之至。易大過卦有云：「澤滅木，大過。君子以獨立不懼，遯世无悶」。又曰：「過涉滅頂，凶！无咎」。

我們知道，澤而滅木，此確是過越太甚。此過越太甚之世，其所耳聞目見的，如何不是一大悲劇。處此大悲劇之時代，遯世无悶的以見其志，或者過涉滅頂的以行其志（此是照朱子底解釋，不是照小程子底周易傳之解釋），此祇是行不同而志無不同。我們固不知道箕子與微子之存心果是如何；但是，他們是決對沒有以悲劇當作喜劇來賞欣的。民國三十八年，許多曾受國家重托的顯要，如程潛張治中輩，他們竟靦顏無恥的向共黨靠攏，他們確是以大悲劇而當作喜劇的。我總覺得，許多曾以共產黨當作洪水猛獸的人；或者，曾以共產黨當作土匪毛賊的人；而竟然俯首帖耳的向共黨搖尾乞憐，實是無恥之尤者。因此，凡「獨立不懼，遯世无悶」的潔身自好之士，實是既仁且智的。我雖非佛教徒；然而我對於虛雲和尙底承當悲劇的精神（詳見虛雲和尚年譜初編補記之二），則是景仰不置的。於是，我們從孔子之各許夷齊，微子、箕子、比干以仁；亦當知孔子所謂之仁，是指凡真的具有崇高之理想而又能永矢弗渝的，均可謂之爲仁者。所以我們是祇能從其存心之如何而不應從其行爲之有別來區別仁與不仁。照這樣說來，凡是仁者必都有其崇高的理想與真正的信仰而不是由於外在的偶然的刺激或誘惑便足以移其志。因此，貪戀權勢之徒與苟且偷生之輩；他們既無真正的信仰，亦缺乏仁民愛國之誠；即令是「儼然人望而畏之」，實亦祇是真小人而已。至於什麼理想才是崇高的理想，什麼信仰才是真正的信仰？粗淺的說來，一個人的信仰或理想；若不是基於利害的觀點而是本於自己底所知所信；則其信仰必是一真正的信仰，其理想必是一崇高的理想。所謂不是基於利害的觀點，這是必須有「毋我」的精神的；所謂是本於自己底所知所信，這必是知之真而信之弗渝的。當我們見一白的牆壁而說這是一白的牆壁時，這必是知之真而信之弗渝的；事實上亦不致有人強迫我說白的牆壁不是白的牆壁而我自己也不致有自己底私見硬說白的牆壁不是白的牆壁；除非我是患了色盲症或得了精神病。但是，當涉及有關自己底利害的問題時，任何人都很難像見一白的牆壁而便認定是一白的牆壁；而且，公共的信仰亦并不見的就是一種真知。例如以吃人爲習的野蠻社會，認爲人可殺而食之，這必是一公共性的信仰，這當然不能說是一種真知。這就是說，公共性的信仰亦不見得就是一真正的信仰。許多有真知灼見的人之所以不與世俗之見相同，其故即在於此。一個人既不宜以世俗之見爲己見，而且又不能有私見；所以一個人要真能知之真而又能信之弗渝，是必須從究竟的觀點而有自己底認知體系。凡從究竟的觀點而有其自己底認知體系的，其認知的體系雖不必完全相同；也就是說，雖亦可以有許許多多的認知的體系；但是，若依其所認知的而形成的行爲果能己立立人、己達達人則就是仁者之行。我們可以不論其行爲，或是使「頑夫廉、懦夫有立志」；或是使「鄙夫寬、薄夫敦」，或是能「自任以天下之重」，或是不助紂爲虐等等。這都是仁者之行。雖然清與和或清與任之行爲，有時是正相反對的；或者不助紂爲虐與殺身成仁這兩種行爲亦是不相容的；但是，不助紂爲虐而又能「獨立不懼，遯世無悶」的潔身自好之士，是確能做到「窮則獨善其身」的。凡不識得顏子之樂是所樂何事的，必決對不能「窮則獨善其身」，當然亦不能「達則兼善天下」。人之窮達，乃是時與地之不同，而不是個人之人生境界有不同。雖然隘與不恭，仍是有所偏執；或者，去之與爲之奴，仍是過於消極；然必是此心光明而無愧。一個人衹要此心光明而無愧，又何必一定殺身以成仁；所以，衹有求生以害仁之人是決對應該殺身以成仁的。我個人認爲，若夷齊而無叩馬以諫之事，他們亦不致「義不食周粟」。

照這樣說來，則知孔子所謂之仁，乃是此光明無愧之心所表現在人常日用方面的各種軌範；而此等軌範之確立是以真能訴之於心而無愧爲主；并不是有一定之規則可循的。這就是說，此爲仁之規範，實就是此光明無愧之心。此所以必須識得此未發之中與修養此已發之和；然後才真能此心光明而無愧的；而且，祇要此心果是光明而無愧，即令因其賦性之所近而稍有所偏執，亦是不足爲病的。必須明乎此，我們才真能懂得孔子所說的「殷有三仁焉」；亦才真能懂得論語所謂的仁之真義。這是我們反對阮元論仁之說及所有漢學家說仁的主要理由。因爲照阮元及所有漢學家之說，是決對不能清清楚楚的解釋許多正相反對的行爲而都可以稱之爲仁的。

十四、孔子仁學正解

因爲許多正相反對之行爲都可以稱之爲仁；所以仁之必需條件確是不能遍舉的。我們已陳述過，「聖是仁之造其極的境界」；所以仁之境界是有深淺的。從認知的觀點來說，仁之境界的深淺，即是知識程度之深淺；從實踐的觀點來說，仁之境界的深淺，即是此心之光明無愧的程度之強弱。我們中國有一句俗話：「處處有路到長安」。西方人也常說：「條條大路通羅馬」。長安或羅馬，我們可擬之爲究其極的光明無愧之心；於是，所謂處處有路到長安或條條道路通羅馬；這也就是說，祇要你存心想去長安或羅馬；而你所走的路是向著長安或羅馬的路；則千千萬萬向長安或羅馬去的人，所走的路雖有不同；或者，雖有許多人是從相反的方向向前走的；但是，若皆是以長安或羅馬為目標，則必皆能到達長安或羅馬。我們之所以說許多正相反對之行為都可以稱之為仁，其意義正是如此。又因人心之不同各如其面；而可以實踐仁之事物或項目亦是無窮的；所以仁之必需條件是不能遍舉的。但是，當到達長安或羅馬之後，則必能具備仁之所有的必需條件。詩云：「普天之下，莫非王土；率土之濱，莫非王臣」。我們到達長安或羅馬之後而又真能為之主宰，這就是實踐了仁之造其極的境界；實踐了仁之造其極的境界，這就是獲得了「絕對者」或「一」。「一即一切」，其義也可以說是「莫非王土」與「莫非王臣」的。孔子必是實踐了仁之造其極的境界的。若孔子尚未造乎仁之究極的境界；也或者說，孔子而不是居住在羅馬或長安；則孔子決不能告知住在長安或羅馬之四週而又有心去羅馬或長安的人，其各自去羅馬或長安之路是什麼？同時，他也決不能說出什麼人確是到過長安或羅馬而什麼人確是沒有到過的。如所謂「殷有三仁焉」，「求仁而得仁，又何怨」，以及所謂「焉得仁」等。這一方面是說，「仁究竟是什麼，須有親身的經歷才能真的知道」。此所謂之親身的經歷：用王陽明底觀點來說，即是吾心之良知發現；用佛教徒的觀點來說，即是「見性」或識得了「本來面目」；也就是真的「致」得了「中和」。照這樣說來，老於長安或羅馬的人，他當然是熟知長安或羅馬之一切的。對於未到過長安或羅馬的人來說，他是無法清清楚楚的說出長安或羅馬是如何如何的；猶如對未見過雪的人說雪是如何如何而未見過雪的人仍必是不懂得的。佛經上有盲人摸象之喻，這是說得很好的。因此，從另一方面來說，孔子對於門弟子之問仁，確是祇能告知門弟子以求仁之方；也就是說，確是祇能告知弟子們，某人應從某一條路才能到長安或羅馬；而不必說仁是什麼，智是什麼。因爲仁與智皆是無法界定的；此正如長安或羅馬，皆無法說得清清楚楚是一樣的。於是，所謂「出門如見大賓，使民如承大祭」；所謂「居處恭，執事敬，與人忠」；所謂「克己復禮」，「剛毅木訥」等等；雖是其說紛紛而莫知所宗，要之皆是到長安或羅馬之路；至於長安或羅馬之景象，必是學者到達之後才能「自得之」。仁是什麼，是祇能「自得之」的。我們的研究論語之論仁，也祇是用我們底系統而原原本本的闡述了「自得之」的方法。因此，我們必須理解到，論語之仁學，實皆是說的求仁之方，而不是說的仁是什麼；若以爲是說的仁是什麼；則無異是以手段當作目的。再者，若祇從仁的文字方面而解釋什麼是仁，亦是永不能解釋出仁是什麼？阮元以及所有精於考訂名物訓詁的學者，他們自以爲是清清楚楚的解釋了仁；實際上，他們祇是瞎子摸象之後的一偏之見；也或者，實祇是沒有見過雪的人因聽人說過雪是白的而誤以爲白的糖就是雪。差以毫釐，謬以千里；不知毫釐之差的人，如何識得千里之謬；不真能識得仁是什麼的人，如何不會錯解仁的意義。仁究竟是什麼，這是祇有真懂得仁是什麼的人才真懂得仁是什麼。猶如一首好詩，一篇好文章，或者是一張好字或畫，是祇有真內行才會真懂得。因此，我們所謂的仁是什麼，仍祇是從哲學的觀點而說出必須如此才真能識得此心之仁。例如我們說，孔子所謂之仁，乃是此光明無愧之心所表現在人常日用方面的各種軌範；而此等軌範之確立是以真能訴之於心而無愧爲主；并不是有一定之規則可循的；這仍是從仁之理而說的。若必須識得此心之仁究竟是什麼，則須有親身的經歷才能真的知道。不過，我們此說，若能使有心求仁之人，而獲得一坦途；而且，亦能使許多似是而實非，似真而實假，似正而實偏之謬說，皆能知其爲偏爲假爲非；則我們便是擴清了通向真理之途的迷霧。我們認爲，通向真理之途的迷霧，確是應該予以擴清的；而擴清通向真理之途的迷霧的方法，是祇有用真工夫而徹下徹上的以識得此心之仁并永執之而實踐於人常日用方面。中庸曰：「君子之道，費而隱。夫婦之愚，可以與知焉；及其至也，雖聖人亦有所不知焉。夫婦之不肖，可以能行焉；及其至也，雖聖人亦有所不能焉。天地之大也，人猶有所憾。故君子語大，天下莫能載焉；語小，天下莫能破焉。詩云，鳶飛戾天，魚躍于淵，言其上下察也」。這是非常清楚的說明了徹上徹下的工夫。必須明乎此，我們才真能知道「君子之道」確是「費而隱」；亦確是「不遠人」，但有其一套形而上的系統；所以，必須明乎此，我們才真能讀通論語，亦才真能對孔子仁學，有一正確之理解。

丙、下篇：孟子仁學原論

一、前　言

在上篇「孔子仁學原論」中，我們已陳述了「孔子所謂之仁，乃是此光明無愧之心所表現在人常日用方面的各種軌範；而此等軌範之確立是以真能訴之於心而無愧爲主；并不是有一定之規則可循的。這就是說，此爲仁之規範，實就是此光明無愧之心。」（見上篇第十三節）所以仁就是天理，亦就人之本性或中庸所謂的未發之中。更明白的說，仁就是人心之本體，仁也就是本體之屬性。首先我們須加以辨說的，即孟子所謂之仁，是否即孔子所謂之仁。

孟子七篇，共二百六十章，其中有七十章論仁義之道，約佔四分之一強；而且，其他各章雖未明言仁義，亦無不是講的仁義之理及其在各方面實踐的方法。即以梁惠王上篇而言，七章中雖祇有三章明言仁或仁義，而其他四章亦無不是從正面或反面以闡明仁義之理及其實踐的方法。例如孟子勸梁惠王「與民偕樂」、勸梁襄王「不嗜殺人」，這就是講的仁義之理；因爲，在封建時代，凡操生殺予奪之大權者，若不是宅心仁厚，是很少不草菅人命而真能不嗜殺人的，亦很少真能「與民偕樂」的。我們也可以這樣的說，凡真能與人民共憂樂者，必是宅心仁厚而當然會「不嗜殺人」。又例如孟子勸梁惠王「無歲罪」及勿以政殺人，亦就是向梁惠王說明暴政之害及實行仁政的方法。假如我們能耐心的從「孟子見梁惠王，王曰叟」而一章章的讀下去，則知孟子七篇，無不可以仁義二字而融會貫通之。

二、孟子所講的仁義是什麼

首先，我們須加以辨說的，即孟子所講的仁義是什麼？於是，我們便可以辨明孟子所謂之仁是否即孔子所謂之仁。孟子七篇中，凡對於仁或仁義而作確定的陳述者，特引述於下：

一、「孟子曰，人皆有不忍人之心」至「不足以事父母」（詳附錄14）。

二、「孟子曰，自暴者，不可與有言也」至「舍正路而不由，哀哉」（詳附錄30）。

三、「孟子曰，仁之實，事親是也」至「則不知足之蹈之，手之舞之」（詳附錄33）。

四、「告子曰，食色，性也」至「然則耆炙亦有外與」（詳附錄40）。

五、「公都子曰，告子曰，性無善無不善也」至「故好是懿德」（詳附錄41）。

六、「孟子曰，牛山之木嘗美矣」至「惟心之謂與」（詳附錄42）。

七、「孟子曰，仁，人心也」至「求其放心而已矣」（詳附錄43）。

八、「孟子曰，人之所不學而能者」至「達之天下也」（詳附錄56）。

九、「孟子曰，廣土眾民」至「四體不言而喻」（詳附錄57）。

十、「王子墊問曰，士何事」至「大人之事備矣」（詳附錄60）。

十一、「孟子曰，仁也者，人也；合而言之，道也。」（見附錄68）。

十二、「孟子曰，口之於味也」至「君子不謂命也」（詳附錄69）。

十三、「孟子曰，人皆有所不忍」至「是皆穿窬之類也」（詳附錄70）。

以上各章中，孟子對於仁或仁義，多有確定的陳述。例如：「惻隱之心，仁之端也；羞惡之心，義之端也」。「仁，人之安宅也；義，人之正路也」。「仁之實，事親是也；義之實，從兄是也」。「惻隱之心，仁也；羞惡之心，義也」。「雖存乎人者，豈無仁義之心哉？其所以放其良心者，亦猶斧斤之於木也」。「仁，人心也；義，人路也」。「親親，仁也；敬長，義也」。「君子所性，仁義禮智根於心」。「殺一無罪，非仁也；非其有而取之，非義也」。「仁也者，人也；合而言之，道也」。「仁之於父子也。義之於君臣也」。「人皆有所不忍，達之於其所忍，仁也。人皆有所不爲，達之於其所爲，義也」。此外孟子還說：「爲天下得人者謂之仁」（見附錄19）。「仁者愛人」（見附錄36）。「仁者以其所愛，及其所不愛」（見附錄63）。綜合孟子此所講的仁義之意義，則知：第一，孟子確認爲人性即仁義。孟子之所以道性善，即孟子是以仁義認作人之本性。於是，則孟子所說的「仁，人心也」，「仁也者，人也」以及「雖存乎人者，豈無仁義之心哉」等等，都可以容易獲得理解。照這樣說來，則孟子所謂之仁，確是本於孔子所謂之仁而予以發揮之。因爲此光明無愧之心，即是此心之本來面目。孔子所謂之仁，既是此光明無愧之心所表現在人常日用方面的各種軌範；則孟子之以仁義認作人之本性，而認爲仁義禮智乃我固有之，當然就是發揮了孔子所謂之仁的真義。第二，孟子曾說：「所以謂人皆有不忍人之心者，今人乍見孺子，將入於井，皆有怵惕惻隱之心。非所以內交於孺子之父母也；非所要譽於鄉黨朋友也；非惡其聲而然也」（見附錄14）。孟子此所謂之「不忍人之心」及「怵惕惻隱之心」乃「仁之端」，亦即是孔子所謂之「仁」之端。因爲此種「不忍人之心」或「怵惕惻隱之心」完全祇是此光明無愧之心所表現在人常日用方面；而此種表現，毫無其他作用，所以是光明無愧的。本於此種毫無其他作用的光明無愧之心所表現的「不忍人」或「怵惕惻隱」，這當然就是孔子所謂之「仁」之端。若能推而廣之以表現爲敬禮忠恕等事，這就是孔子所謂之「仁」。照這樣說來，孟子所謂的「惻隱之心，仁之端也」；「人皆有所不忍，達之於其所忍，仁也」等等，實皆是發揮了孔子所謂之仁的真義。第三，孟子認爲「仁」就是人之良心（見附錄42）；而所謂人之良心，當然就是此光明無愧之心；此光明無愧之心，表現在事親方面，這就是「仁之實」。推而廣之，有生殺予奪之權者，而能不殺一無罪；有國家者，而能爲天下得人，亦皆是「仁之實」。「仁之實」，可以說是難於遍舉的。在上篇中，我們曾說，「仁之必需條件，是不能遍舉的」。現在，我們也可以這樣的說，「仁之實」是不能遍舉的。（有人以「仁之華」與「仁之實」并稱，實是一種誤解。）照這樣說來，此毫無其他作用：例如不是企圖討好別人而希望他人對我有好感；或者，亦不是「要譽於鄉黨朋友」及「惡其聲而然」等等其他作用；而祇是此光明無愧之心所表現的行爲，這就是「仁之實」。第四，現在我們可以進而辨說孟子爲什麼要以仁義并稱了。孟子曾說：「仁之實，事親是也；義之實，從兄是也；智之實，知斯二者，弗去是也；禮之實，節文斯二者是也；樂之實樂斯二者，樂則生矣」（見附錄33）。照孟子此所說的看來，則知孟子有時雖以仁義禮智并稱；實際上，則祇是以仁義二者并稱。孟子爲什麼要以仁義并稱呢?我們認爲，王陽明所說的，「心一而已。以其全體惻怛而言，謂之仁。以其得宜而言，謂之義。以其條理而言，謂之理。」（見陽明傳習錄中）這幾句話，確能說明孟子爲什麼要以仁義并稱。因爲照陽明此說，此心之全體惻怛即是仁。這就是說，仁是就此心之全體而言。所謂此心之全體，乃是指毫無虧欠與缺陷而言。然而當此心之全體表現而爲用時，是必然的要表現爲部份。全體例如森林，部份例如樹木。就此心之全體而言（此心之全體，非是此體之全體；唯心論者誤以此心之全體為此體之全體，可參閱導論對於「心是什麼」之辨說），它是無內無外，無大無小，而無有部份的；但就此心之用而言，它必須表現爲部份方能表現爲用。此心之全體，即佛家所謂之「無所住心」；此心之用，則必須有所住。住而得宜，則謂之義。如何才是住而得宜?此可以說，猶如樹木，雖不是森林；但離了樹木，則沒有森林；因此，就森林之全而言，住於樹木而不拘滯於樹木，是仍可不失此森林之全的。這就是說，義是此心之住於個別方面而不失其全。莊子天下篇曾說：「以仁爲恩，以義爲理，以禮爲行，以樂爲和，薰然慈仁，謂之君子」。莊子此說，是深通儒家說仁義之旨的。因爲仁，必有恩愛及人；而仁者常廣恩；若不裁之以義，則恩愛必濫而不當於理；所以必須以義爲理，而使「仁」得理於義。例如作惡者，應予以處罰，這就是理；因爲作惡者若不予以處罰，則善良者必至受盡欺凌而無冤可申；但是，若仁者祇本其怵惕惻隱之心，而對於作惡者亦將恩遇之而不罰，則就是不合理，實亦違反了仁之真義，所以應以義裁之而使作惡者獲得應有之處罰，這才是合理，亦才是正確的表現了此心之仁。於是，我們當可以理解到，義是使此全體惻怛之仁表現爲用時，而仍能無有缺陷的保持此體之全。照這樣說來，仁是體而義是用，亦即此慈悲之心而兼具理性作用。但是，我們仍須予以釐清的。即此所謂義是用，乃是指用義以裁仁體，而使仁體表現爲用時仍不失此體之全。此說似與孟子所講的仁義禮智有不大相合之處。我們認爲仁是心之體，義是仁之用，禮是義之行，智是禮之知。這是就知之次序言。蓋知禮而後知義，知義而後知仁。若究極言之，則智是知仁。所以，這也就是說，以仁爲心之體，以義爲仁之用，以禮爲仁之行，以智爲仁之知。此四者雖是疆界分明，實有其貫通總攝之處。石子重致朱子有云：「蓋仁者心有知覺。謂知覺爲仁則不可。知覺卻屬智也。理一而分殊，愛有差等。殊與差等，品節之卻屬禮，施之無不得宜卻屬義。義也、禮也、智也，皆仁也。惟仁可以包夫三者。然所以得名，各有界分，須予分別，不然混雜爲一，孰爲仁、孰爲義、孰爲智。」（見朱子文集卷四十二）石子重此說，朱子是非常贊同的。朱子曾說：「今得尊兄精思明辯如此，學者益有賴矣。」（見同上）石子重此說，與前面所引述的陽明之說，亦大致相同。惟値得奇怪的，即宋明諸理學家，總以爲禮祇是「節文」，而不知「節文」就是爲了便於行的。宋明諸子，對於禮與義之意義，多少是有些含混不清的。孔子曾說：「知和而和，不以禮節之，亦不可行也。」（見論語學而篇）孔子此說，是明白表示和而以禮節之，乃爲了便於行的；而孔子此所謂之和，實就義。周易乾卦文言曰：「元者善之長也，亨者嘉之會也；利者義之和也；貞者事之幹也。君子體仁足以長人，嘉會足以合禮，利物足以和義，貞固足以幹事。行此四德者；故曰乾元亨利貞。」說卦傳亦說：「和順於道德而理於義。」這明明都是說，和就是義。中庸曰：「發而皆中節，謂之和。」這當然是更明白的說明了和就是義。因爲「中節」就是得宜。此是借樂之和而明義之意義。這樣，我們當可以說，中就是仁，和就是義。於是，我們說仁是體而義是用，這當然是不錯的。而且，我們若真能辯明義與禮之意義，則知仁體義用之說，與孟子所講的仁義禮智，實并無不合。第五，照以上所說，則知此全體惻怛之仁，當其表現爲用時，若仍能無有虧欠缺陷，必是「發而皆中節」的能「和順於道德而理於義」；因此，孟子之所以以仁義并稱，很顯然的是總攝此理之全與分殊而言的。也可以說，孟子所講的仁義雖亦是在發揮孔子所講之仁的真義；但孟子則特別著重於愛之差等。照這樣說來，孟子所講的仁與孔子所講的仁，其著重點是多少有點不同的。但是，這不是說，孟子所講的仁不是發揮了孔子所講之仁的真義。關於這一點，以後仍將予以辨說。在這裏特須加以陳述者，即仁義何以就是人之本性。也就是說，人之本性何以是善的。若性善之說不能成立，則孟子所講的仁義，便失去了哲學上的基礎；因爲孟子是基於性善之說而講他的仁義，并藉以發揮孔子所講仁的真義。於是，若性善說不能成立；則我們在上篇中所建構的孔子仁學的系統亦不能成立。關於性是善是惡的問題，孟子在答覆公都子時（見附錄41），有非常精確的辨說。許多人對於「有物有則」之精義，并未有深入之理解；所以許多人并不真的懂得孟子的性善之說；也當然不真的懂得仁義理智是我固有之也。自荀子倡性惡論以來，楊雄、韓愈、李翺之徒，雖似乎都在推崇孟子；然而他們都祇知道性是與生俱生，而未能深入的理解到，此與生俱有之性是有其一定之法則的。我們認爲，誠如荀子所說的：「生之所以然者謂之性；性之和所生，精合感應，不事而自然謂之性。」所以性是不可學與不可事的。此不可學不可事之性究竟是什麼呢？荀子以及許多人都是不懂得的，所以他們常以「情」誤作「性」，我們要知道，某物之所以爲某物，必有其一定之法則；此某物之所以爲某物的一定之法則，當然是與某物俱生的。此與某物俱生而因之成爲某物的一定法則亦可名之爲某物之理。某物是必須依照某理方可成爲某物。就某物必須依照某理方可成爲某物而言，則知某理是某物之所以爲某物。就某物必須依照某理而言，此必須依照者就是某物之命。就某物因依照某理而得成爲某物而言，此所依照之某理即某物之性。宋儒所謂理在物而爲性，其義即是如此。照這樣說來，性是專一不變的。例如圓之性是「一中同長也」。若一中而不同長，則不得謂之圓。於是，我們當知圓之性是規定圓之物爲最好的圓之物；而也可以說圓之性是圓之物的最善者。這就是說，就性之專一不變而言，性必是善的。再就人之性而言，「則堯舜至於塗人，一也」；失此，則不得謂之爲人。孟子說：「故凡同類者，舉相似也。何獨至於人而疑之？聖人與我同類者。」（見下孟告子上）這就是說，聖人既是人類最好的人，則聖人便是人類的標準，爲人類標準的聖人，其性既是善的；則凡是合乎人之標準的人，其性必皆是善的。孟子是以此理則與標準爲論據而論證人性是善的。這當然是不錯的。因此，某些人之所以不善，實祇是某些人未能達成「人」的標準與人之所以爲人之則。這當然不足以論證人性是不善的。這就是說，我們實不能因某些圓物之不圓，便肯定圓性不是圓之物的最善者。而且，我們若真能體味出此未發之中，則便知此渾然一體之本心，確是光明無愧而無有不善的。再其次，荀子祇知道此專一不變之性是不可學不可事的。所以他認爲「聖人之於禮義積僞也」。殊不知「還原作用」，亦是可稱之爲學爲事的。例如：氫與氧化銅中的氧化合成水而使銅還原以恢復銅之本性（$CuO+H_2$——$Cu+H_2O$），這當然是可稱之爲學爲事。老子所謂的「爲道日損」，實亦可作如此講。由此，足見荀子所謂的「積僞」，是遠不如老子所謂的「爲道日損」爲精確而平實。我們認爲，荀子的性惡論，其所持之各項論據，皆粗疏而不精審；而且，荀子有時亦將人之情誤作人之性。我們可以這樣的說，荀子對於孔子所言的性與天道，是未得而聞之的。假如我們真能理解到孔子所言的性與天道是什麼，則自然會理解孔子所謂的仁即是指本體之知的自然流行的表現。而且，亦會知道此本體之知的自然流行是無有不善的。孟子所謂的不忍人之心，即是指此本體之知的自然流行。這也就是說，仁義決不是「積僞」而生的。第六，總結以上所述，則知人性確是至善的。因此，孟子本於性善論而講的仁義，確是本於孔子所謂之仁而予以發揮之。而且，若不懂得人性是善的，則亦不懂得孟子所講的仁義是什麼。

三、孟子所講的實踐仁之方法

孟子是本於他自己的實踐仁之工夫而講實踐仁之方法的。茲特將孟子所講的實踐仁之方法引述於下：

一、「公孫丑問曰，夫子加齊之卿相」至「未有盛於孔子也」（詳附錄11）。

二、「孟子曰、矢人豈不仁於函人哉」至「反求諸己而已矣」（詳附錄15）。

三、「孟子曰、愛人不親反其仁」至「自求多福」（詳附錄26）。

四、「孟子曰、人之所以異於禽獸者幾希」至「由仁義行，非行仁義也」（詳附錄35）。

五、「孟子曰、君子之所以異於人者」至「則君子不患矣」（詳附錄36）。

六、「孟子曰、仁之勝不仁也」至「亦終必亡而已矣」（詳附錄46）。

七、「孟子曰、五穀者，種之美者也」至「夫仁亦在乎熟之而已矣」（詳附錄47）。

八、「孟子曰、萬物皆備於我矣」至「求仁莫近焉」（詳附錄54）。

孟子所講的實踐仁之方法：第一，是求其放心。因爲「仁，人心也」。仁義之心是存乎人的。亦即是人性是善的。所以要能實踐仁，最緊要者是求其所放失之良心。也就是說，要使此心能自然而然的光明而無愧。此心如何才能自然而然的光明無愧。孟子曾指出了一個最簡單的方法，即是教人存夜氣（見附錄42）。兒時，先祖母常常對我說：「曾祖母在時，常常告訴她。床不是給人睡覺的，而是給人想事的。上半夜想自己，下半夜想別人」。兒時，并不真能懂此話之含義。於今思之，這確是求其所放失良心的最平常而最確實的方法。因爲人苟能在夜深人靜而切實的獨自檢討我之所行是否對他人有不利，則忠恕之道必油然而生。孟子所謂的存夜氣以暢其平旦之氣，其方法雖不一定是如先祖母所說的；但若能在夜深人靜而切實的獨自檢討我之所行是否有過，則此心必漸會光明無愧。我總覺得，這較之佛教徒之徒然靜坐是要切實際。當然，由此以識得自己之良心而養之，這就是學爲聖人之工夫；也當然是實踐仁之最確切的方法。第二，照這樣說來，實踐仁的最切近的方法，當然是自反與反求諸己。孟子曰：「行有不得者，皆反求諸己」（見附錄26）。這是爲己之學的最懇切的一句話。至於如何以做到「皆反求諸己」。簡言之，是「愛人不親反其仁，治人不治反其智，禮人不答反其敬」。詳言之，則是「有人於此，其待我以橫逆，則君子必自反也，我必不仁也，必無禮也。（孟子為什麼不講「必無義也」。蓋義祇是仁之作用，禮才是仁之實踐。不仁是就存心而言，無禮是就行為而言。此二者足以盡之矣，所以無須講「必無義也」。此亦足證前面所講的「義是仁之用」的正確。）此物奚宜至哉？其自反而仁矣，自反而有禮矣，其橫逆由是也。君子必自反也，我必不忠。自反而忠矣，其橫逆由是也。君子曰，此亦妄人也已矣。」（見附錄36）照孟子所說的，則知孟子的自反工夫確是做得非常仔細。常聽人說「我問心無愧」。說此種話而真是問心無愧的百不得一。所謂問心無愧，若不是經過了孟子這樣仔細的自反之後而是隨便說的，實祇是自欺而已。能像孟子這樣的「反求諸己」，是決對能「自求多福」，亦必能「爲堯舜」而無疑。

第三，孟子曾說：「仁者如射，射者正己而後發；發而不中，不怨勝己者，反求諸己而已矣。」（見附錄15）至於有些人爲什麼不能反求諸己？則是由於擇術不慎之故。孟子曰：「矢人豈不仁於函人哉！矢人唯恐不傷人，函人唯恐傷人。巫匠亦然。故術不可不慎也。孔子曰，里仁爲美，擇不處仁，焉得智。夫仁，天之尊爵也，人之安宅也。莫之禦而不仁，是不智也。不仁不智，無禮無義，人役也。」仁，既然是天之尊爵，人之安宅；而且，亦不是因形格勢禁而不得有爲；所以，人之不爲仁，確是不智。人之所以不智，乃由於擇術不慎使然。所謂矢函巫匠，這祇是取譬而已。實際上，我們祇要看看歷史上或現代社會上，凡不仁者，無不是擇術不慎的結果。必須是真有智慧的人，才知道擇術不可不慎，亦才真能反求諸己。這就是說，要真能反求諸己，是必須智足以知仁；能知仁，則良心可復，而仁亦不可勝用也。但是，要能真知仁，確是一件不容易的事。例如使此心光明無愧，說容易，比什麼都容易；所謂「放下屠刀，立地成佛」，亦可作如此講。若說不容易，也可以說比什麼都難。因此，最切近的辨法，是祇有從知禮作起。孔子曰：「不學禮，無以立」。儒家爲仁的工夫，完全著重在禮字上；此正如佛家的修養工夫，完全在靜坐上一樣。所以要真能反求諸己，是祇有「克己復禮」而切實的行之。能如此，則擇術自然會慎，亦自然的會仁且智。我們認爲，能仁且智，自然的會有禮有義；若真是有禮有義之人，亦必然的會仁且智的。仁者，是可以「自求多福」的。至少，是不會爲人所役的。第四，我們假如真能「由仁義行」，則擇術自然會慎。孔子曰：「管氏而知禮，孰不知禮」。因爲管仲是行仁義而不是由仁義行；所以管仲雖是實行了仁政，也雖是慎於擇術；但孔子仍是說他不知禮。這就是說，要真能知禮，是必須由仁義行；於是，才真能擇術慎，亦才真能反求諸己，而求得自己所放失之良心。孟子曰：「人之所以異於禽獸者幾希。庶民去之，君子存之。舜明於庶物，察於人倫。由仁義行，非行仁義也。」（見附錄35）人之所以異於禽獸者，即人是有此良心。放其良心而不知求，則無異於禽獸。一個人之所知所行，完全是本於良心，則這個人是一完人。虧欠一點良心，則便有一分禽獸之行而有過或不及於禮；且其所擇之術，亦必會不慎。因此，欲真能反求諸己而收其放心，是不能有一念之不誠的。第五，孟子曰：「萬物皆備於我矣。反身而誠，樂莫大焉。強恕而行，求仁莫近焉。」（見附錄54）朱子曰：「反身而誠，則仁矣。其有未誠，則是猶有私意之隔而理未純也。故當凡事勉強，推己及人，庶幾心公理得而仁不遠也。」一個人能勉強的推己及人，這就是做誠字的工夫。先祖母所說的「上半夜想自己，下半夜想別人」，這就是教人做誠的工夫的最切近的方法。這樣，自然可以求得放心。我們認爲，若真能求得放心，則自然可識得未發之中；而此情之生，必發而皆中節；於是，則和生而「樂之實」顯現。孟子曰：「樂之實，樂斯二者，樂則生矣；生則惡可已也；惡可已，則不知足之蹈之，手之舞之。」

所謂「反身而誠，樂莫大焉」其義即是如此。照這樣說來，實踐仁確是一件快樂的事。這也是孟子的經驗之談。第六，孟子曰：「五穀者，種之美者也；苟爲不熟，不如荑稗；夫仁亦在乎熟之而已矣。」（見附錄47）這就是說，若智足以知仁而「苟爲不熟」，則「雖得之，必失之」。因爲，「仁之勝不仁也，猶水勝火。今之爲仁者，猶以一杯水，救一車薪之火也。不熄，則謂水不勝火，此又與於不仁之甚者也，亦終必亡而已矣。」（見附錄46）這就是說，爲仁而不肯下真工夫，則必不熟，亦終必失之。所以反求諸己的爲仁的工夫，是必須一掌一摑血，一棒一條痕！然後才真能有得於心的。佛教徒有「死幾回」之說。如果不痛下決心以爲仁，是「猶以一杯水，救一車薪之火」，終無濟於事的。人之聰明睿智，并不是不能知仁；但因不肯知之，此所以難知。即令「知及之」，但因不肯下真工夫，是以「仁不能守之」。真知之難得與仁之難能，在上篇中，我們已有較爲詳盡的辨說。照這樣說來，我們欲真能求得放心而不再喪失，是祇有下真工夫而真能反求諸己，以不使有絲毫走作；如是，才可以使「靈知獨耀」，而使爲仁之工夫漸趨純熟。第七，照以上所說，則知孟子確是本於他自己的實踐仁的工夫而講實踐仁的方法。因爲以上所引述的孟子講的實踐仁之方法，無不是孟子的經驗之談。假如我們真能這樣的照著去做，必可爲仁純熟。此看來並不難。實際上，這就是如佛家所說的「無上妙法」。有些人，總以爲佛家之道遠較儒家之道爲高深。假如有識之士，能去其神祕的外衣而發現其合理的核心，則知佛家之道還遠不如儒家之道爲適切。孟子曰：「道在邇而求諸遠，事在易而求諸難。人人親其親，長其長，而天下平。」（見離婁上）許多媢於佛或溺於佛而不自覺者，總喜歡捨近而求遠，實亦不思之過也。有志求道之士，不妨以孟子所講的反求諸己與佛家的摒絕一切思慮而試作一比較，則便知何種工夫是行之易於有效的。歷史上許多高僧，常燃指以供佛；若用這種氣力而做反求諸己的工夫，則爲仁未有不熟之的。照這樣說來，祇要我們肯下真工夫，即便能得真本體；所以，爲仁之工夫，并不是很難的。如祇以一杯之水而救一車薪之火；那當然是很難的。仁之難能，其故祇在於此。這就是說，決不是因仁之道太高深而難能的。第八，我們之所以特別指明爲仁工夫之不難及其所以難能之原因。乃是說，孟子所養的浩然之氣，確是難能的；但是祇要真能反求諸己，而照著以上所已陳述的孟子的實踐仁之方法去做，則便能養得浩然之氣；若能養得浩然之氣而純熟之，則便是識得了此心之仁。此仁之全體，誠是無大無小，無內無外而無所不包的；亦誠是至爲廣大高深的；但是，若誠能養得浩然之氣而純熟之，則仁之全體必現而用之毫無滯礙。我們認爲，一個人真能由仁義行而毫無滯礙，則便是聖人。孔子所謂的「從心所欲不踰矩」，亦即是由仁義行而毫無滯礙。然則什麼是浩然之氣？孟子曰：「難言也。其爲氣也，至大至剛，以直養而無害，則塞於天地之間。其爲氣也，配義與道，無是餒也。是集義所生者，非義襲而取之也。行有不慊於心，則餒矣。我故曰，告子未嘗知義，以其外之也。必有事焉，而勿正，心勿忘，勿助長也。」（見附錄11）這就是孟子所養的浩然之氣以及其養得的方法。我們要知道，孟子是因養得浩然之氣而不動心的。養得浩然之氣後何以便會不動心，此亦是難說的。不過照孟子所說的看來，他是以志帥氣，以氣持志的。常人亦可以一鼓作氣而持其志。慷慨捐軀者，大抵類此。但是，欲真能持其志而毫不動心，則非養得浩然之氣不可。因爲浩然之氣是集義所生的。文天祥說：「惟其義盡，所以仁至」。此語實深得孟子養氣之旨。

所以孟子曰：「其爲氣也，配義與道，無是餒也」。這就是說，浩然之氣，是義與道配而養成的，所以是毫無飢餒而充塞於天地之間。於是，則此心純然於浩然之氣而毫不妄動。此心既純然於浩然之氣而毫不妄動，則仁之全體必畢現而「純亦不已」。到了此種境界，是自然的會勿忘忽助的。不過，在用工夫而養此浩然之氣時，特須注意忽忘忽助，而祇須用「反身而誠」的以「求其放心」。在這裏我們還須特別指出的，即儒家的爲仁工夫，大體上都是從人常日用間而集義以爲之的。所謂敬禮忠恕等事，行之而有得於心，則就是集義。義集則仁生。由仁義行，則所行者亦祇是敬禮忠恕等事。這較之佛家的徒然靜坐，誠不可同日而語。

第九，總結以上所述，則知孟子實踐仁之方法，是以求放心爲宗旨，反求諸己而無私毫之不誠爲工夫，由仁義行而養得浩然之氣爲手段，以使此心能純然不動而畢現仁之全體。這是與孔子的實踐仁之方法大體相同的。所以孟子所講之仁即是孔子所講之仁。不過，孟子所講的仁，雖是發揮了孔子所講的仁之真義，但皆是本於他自己所體驗的而講的。這就是說，孟子所講的仁，是承接孔子所講的仁而講的，不是照著孔子所講的仁而講的。孟子曰：「予未得爲孔子徒也，予私淑諸人也。」（見離婁下）這也就是說，孟子因得聞孔子之道於人而私淑之，此所以孟子能發揚孔子之學而有所成就。於是，我們也可以因孟子所講之仁而更進一步的以認識孔子所講之仁。

四、孟子講仁義的動機

孟子講仁義，可以說是有政治上與學術上的雙重動機。孟子之時，六國崩潰之勢已亟。從人民生活而言，是「仰不足以事父母，俯不足以畜妻子。樂歲終身苦，凶年不免於死亡。此惟救死而恐不贍奚暇治禮義哉。」（詳附錄3）從社會之一般情形而言，則是「上無禮，下無學，賊民興，喪無日矣。」（詳附錄23）孟子因感於世衰道微，而自己又因「去聖人之世，若此其未遠也；近聖人之居，若此其甚也」（見盡心上），得聞孔子之道而思有以發揚之；而自己也有「舍我其誰」（見公孫丑下）之概。此所以道善性而說仁義。茲特將孟子在學術上的關於講仁義之動機引述於下：

一、「有爲神農之言者許行」至「惡能治國家」（詳附錄19）。

二、「墨者夷之」至「命之矣」（詳附錄20）。

三、「公都子曰，外人皆稱夫子好辯」至「能言距揚墨者，聖人之徒也。」（詳附錄22）。

四、「告子曰，性猶杞柳也」至「必子之言夫」（詳附錄39）。

照以上所引述者，則知孟子之時，以楊墨之學說爲最盛，而農家與告子之思想亦甚流行。此四者皆足以使孔子之道不彰。孟子爲維護儒家的傳統，且能發揚孔子之學說，乃奮起而闢之。這就是孟子在學術上而講仁義的動機。茲先就孟子之闢農家而說明農家的學說確是可以亂天下。農家之書不存，其詳不可得而聞。今依孟子所闢之者：第一，農家主張「與民并耕而食，饔飧而治」；第二，農家主張「市賈不貳」，以使「國中無僞」。就農家所主張之「市賈不貳」而言，此似是馬克斯主義者所倡說之「各盡所能，各取所需」。我覺得孟子所說的：「夫物之不齊，物之情也。或相倍蓰，或相什伯，或相千萬，子比而同之，是亂天下也。巨屨小屨同賈，人豈爲之哉？從許子之道，相率而爲僞者也。惡能治國家。」（見附錄19）這一段話，已經說得非常透澈。足見農家的主張，確是無法立得住腳的。就農家所主張之「與民并耕而食」這一點來說，熊十力先生頗有偏袒農家而詆毀孟子之處，熊先生說：「案孟子以農夫，陶冶分工之說。助食於人之階級，作詭辯。極無道理。社會有農夫，陶冶等等分工，是殊途合作，平等互惠。所以成其整體之發展也。至若食於人者高據統治階級，以侵削天下最大多數勞力之民眾。此階級之所由成，實由自恃爲治人者，濫用其威勢，積漸以成茲毒物。是乃妨害社會之發展，必不可容其存在者也。余深玩孟子此章。故曰或勞心五字，至治人者食人一段。其上文，當有陳相與孟子抗辯之辭。孟子竟略去而不述，是可惜也。夫勞心與勞力之分，治人與治於人之分，食人與食於人之分。正是社會主義者所詳究而不容蒙昧過去之根本問題。陳相見許行。棄其所學，而學許子之學。豈無真知明見，而輕被孟子淺薄之論駁倒哉。孟子不存陳相之言，而突爾有勞心勞力以下數語。且妄斷曰，天下之通義也。甚矣，孟子之迂也。雖然，許子勞心勞力不分之主張，固是春秋太平世之極則。然必如大易所謂立成器以爲天下利，而後可遂許子之期望。則未知農家對於格物之學與工業，亦加意提倡否。惜乎其書悉亡，無從考矣。」（見原儒原外王篇）我對於熊先生之治學，素極欽佩；尤其是他對儒家學說之發揚，誠功不可滅。我對於這位陷身大陸之老人，雅不願多所批評。其原儒一書，推崇孔子之學，多有發前人之所未發，誠爲有價值之著作；然其中難免有曲學阿世，爲共產主義張目之處。即如以上所引他對於孟子之批評，便極爲不妥。關於「故曰或勞心」五子之上文，是否有陳相與孟子抗辯之辭而被孟子略去，此可略而不論。至於孟子所講的勞心與勞力之分，治人與治於人之分，食人與食於人之分，雖難免有爲統治階級張目之嫌；然而，我們若將治人者稱之爲人民的公僕，則孟子基於分工之說而所作的治人與治於人之分，實并無不可。而且，孟子既是基於農夫，陶冶分工之說而講治人與治於人之分工，亦可見孟子并沒有以統治階級自居，或特意在爲統治階級張目。而且，孟子所謂之大人或小人，是指其所養者而言；所以孟子是沒有階級意識的。我們認爲，若實行許子勞心勞力不分之主張，則必扼殺社會發展之機。因爲人類社會之所以發展，實皆是勞心者之功績。假如一個社會，真是勞心勞力不分，則熊十力先生亦不會有他今日在學術上的成就。農家可能就是孟子時的共產主義。許行輩雖或有悲天憫人的救世思想，但因不知「和義」，其結果必至不能「利物」而禍天下。今日的共產主義，爲禍人類，是歷史上未曾有的。然而馬克斯、恩格思輩，其初創共產主義，亦未始不在於救世。由此，即足證農家學說之確不可實行。我常這樣的想；假如真的實行了許行的學說，則必是實現了老子的「絕聖棄智」，「剖斗折衡」的思想。或許農家竟是道家之先驅或別流。總之，農家學說，確是禍仁義而亂天下的，此孟子所以闢之。再者，孟子講仁義的動機，在其答公都子問的一段長文中（見附錄22），說得極爲明白。孟子曰：「楊墨之道不息，孔子之道不著。是邪說誣民，充塞仁義也。仁義充塞，則率獸食人，人將相食。吾爲此懼。閑先聖之道，距墨楊，放淫辭。邪說者不得作。作於其心，害於其事；作於其事，害於其政。聖人復起，不易吾言矣。」孟子此說，是極其明白的說明了他之所以距楊墨與說仁義的動機。孟子必是本於他所講的仁義而闢楊朱墨翟之言。孟子曰：「楊朱墨翟之言盈天下。天下之言，不歸楊則歸墨。楊氏爲我，是無君也；墨氏兼愛，是無父也；無父無君，是禽獸也。公明儀曰，庖有肥肉，廄有肥馬，民有饑色，野有餓莩。此率獸而食人也。楊墨之道不息……則率獸食人，人將相食。」我們若仔細的推敲孟子所說的這一段話，則知所謂「楊氏爲我，是無君也；墨氏兼愛，是無父也；無父無君，是禽獸也」這幾句話，可能是漢儒加以竄改的。這幾句話如改作「楊氏爲我，是不仁也；墨氏兼愛，是不義也；不仁不義，是禽獸也」則必是深合孟子立言之旨，而且亦與下文「楊墨之道不息，孔子之道不著，是邪說誣民，充塞仁義也」這幾句話首尾一致，文意一貫。我爲什麼說是漢儒加以竄改的。因爲君父并稱之說，是漢以後才有的。而且，孟子曾說過：「惡得有其一以慢其二哉」，足見孟子并沒有視君如父之思想。而且，墨子兼愛，是無父也，此固於理可通；但是孟子曾說：「仁之於父子也，義之於君臣也。」（見盡心下）足見「無父」應是指「不仁」而言，至於楊子爲我，是無君也，則是說得很勉強的。難道山林隱逸之流，真是身在江湖，心存魏闕嗎？那麼，他們也都是禽獸嗎；足見楊子爲我，是無君也，確是說得極勉強的。此不似孟子之言。孟子曾說：「不仁不智，無禮無義，人役也。」我們固未便說「人役」就是禽獸。但人之所以異於禽獸者，賴人有此幾希之良心，而能表現爲仁義禮智。無仁義禮智之人役，與禽獸有什麼區別。照這樣說來，孟子必因墨子之兼愛而不知裁之以義，乃說墨子是不義；又必因楊子之爲我而不知愛人，乃說楊子是不仁；所以楊墨之言是充塞仁義，而孟子乃斥之與禽獸無異。蓋不仁或不義之人，皆不能存其良心，而其學說必害事害政以爲害人類。又下文所謂「無父無君，是周公所膺也」，孟子原文，亦可能是「不仁不智，無禮無義」，而被竄改爲「無父無君」的。關於楊朱的學說，因其書無存，我們除知道他是主張爲我外，最多能推斷他的學說是與墨翟的學說不相容的。他或者是代表商人階級利益的一種學說，也或者與近代的資本主義有點相同；此雖近乎臆想，但楊朱之徒，惟一己之私利是圖，則應是無可置疑的。此當然與儒家的說仁義的學說不相容。至於墨子之學，其書具在。祇就孟子對於墨者之批評來說，孟子完全是本於孔子所講的仁之真義，而從人心之所同然者，以批評墨學之違背人之良心。墨者夷之亦確能深受感動而知其所學之非是（見附錄20）。我們祇要真能懂得孔子所講的仁之真義，則便知墨子學說確是有病。孟子之以仁義並稱，而特別著重愛之差等，亦可能因有些儒者，不知孔子所講仁之真義，而惑於墨子之學；故以仁義并稱，而使學者知道，仁必須裁之以義，才能不失仁體之全。再其次，孟子之所以闢告子，乃因告子對於性善之說，未能有正確之理解。不知此性是善者，雖亦說道德講仁義；但其所講之仁義，實祇是無根之木，無源之水，久之自然會乾枯的。孟子曰：「率天下之人而禍仁義者，必子之言夫。」（見附錄39）須知，道性善與講仁義，此是一貫之學。所以學者須識得此性之善，亦即是此心之本來面目而涵養之，才真能表現爲仁義禮之知與行。孟子曰：「君子所性，雖大行不加焉，雖窮居不損焉，分定故也。君子所性，仁義禮智根於心。其生色也，睟然見於面，盎於背，施於四體，四體不言而喻。」（見附錄57）這完全是孟子實踐仁的經驗之談。朱子也曾說：「問渠那得清如許，爲有源頭活水來。」（見朱文公文集卷二）我們必須識得「源頭活水」，才會自然而然的「清如許」；惟有「江邊春水生」，亦才會自然而然的「中流自在行」。告子智不足以知此，而發出「以人性爲仁義，猶以杞柳爲桮棬」的足以惑人之謬論，此孟子所以必須闢之，以免爲禍仁義。後來荀子竟本於告子此說，發爲性惡論，亦足證荀子確未能「深造之以道」而「害於其事」。有人說荀子是大醇而小疵，此亦不是有道之言。二十五年以前，我對於性善性惡之說，未能真知孰非孰是。我嘗這樣的想：假如性惡論是對的，則必須先達到「外王」，然後才能使人人可以臻於「內聖」；如是，則共產主義可行。假如性善論是對的，則必須依照大學之道，由內聖而外王；如是，則共產主義決不可行。世衰道微，是常足以使有血氣之青年而誤爲人性是惡的。我因自幼即由於先祖父之諄諄告誡，教我凡事不要盲從；故得能在國共合作時期而未誤入岐途。於今思之，我真是在此大不幸之時代的大幸者。學術之足以禍天下後世，亦如此可見。孟子曰：「君子深造之以道，欲其自得之也。自得之，則居之安。居之安，則資之深。資之深，則取之左右逢其原。故君子欲其自得之也。」（見離婁下）一個人，若不是「自得之」，則決不會「深造之以道」；而其所認知的，亦必祇是一偏之見。學術足以殺天下後世。有志於立言者，若智不及此，而徒然祇求獲得情緒上之某種滿足，其爲禍將更烈。凡立言者應該有學術上的良心。所以學者應該先求得良心。告子智不及此而隨便發爲謬說，此孟子所以闢之。以上是說明了孟子之所以距楊墨，闢許行，斥告子；乃因此四子之言，皆足以禍仁義而貽患天下後世。而且，孟子之所距所闢所斥者，皆深符孔子仁學之真義。吾人若真能識得孔子所講之仁，則知孟子所講的皆天理之自然，皆深中四子之病根而足以醫治之。此必須深造有得之士，才能瞭然於懷，而不足以爲「聲聞過情」（見離婁下）之小人道的。這就是說，吾人必須深造有得，吾人才真能「知言」。孟子以「我知言」與「我善養吾浩然之氣」相提并論，足見非識得此心之存，便不能知他人的此心之失，亦當然不能知他人之辭的正謬。「知言」確是很難的。而且，我們若不能真「知言」，則我們亦必難於真知孟子講仁義的動機。孟子曰：「予豈好辯哉！予不得已也。」孟子之「不得已」究竟能有幾人知之。

五、孟子認為：「堯舜之道，不以仁政，不能平治天下。」

以上我們說明了孟子在學術上講仁義的動機。現再進而說明孟子在政治上講仁義的動機。孟子認爲，「堯舜之道，不以仁政，不能平治天下。」孟子希望能「平治天下。」而達成救世救人之目的，所以乃提倡行「仁政」而法先王之道。孟子是本於他所講的仁義而講他的政治理論。茲特將離婁上篇中之兩章引述於下：

一、「孟子曰，離婁之明」至「吾君不能謂之賊」（詳附錄23）。

二、「孟子曰，規矩方員之至也」至「在夏后之世，此之謂也」（詳附錄24）。

照以上兩章所說的：第一，孟子曰：「離婁之明，公輸子之巧，不以規矩，不能成方員。師曠之聰，不以六律，不能正五音。堯舜之道，不以仁政，不能平治天下。今有仁心仁聞，而民不被其澤，不可法於後世者，不行先王之道也。故曰，徒善不足以爲政，徒法不能以自行。詩云，不愆不忘，率由舊章，遵先王之法而過者，未之有也。聖人既竭目力焉，繼之以規矩準繩，以爲方員平直，不可勝用也。既竭耳力焉，繼之以六律正五音，不可勝用也。既竭心思焉，繼之以不忍人之政，而仁覆天下矣。故曰，爲高必因丘陵，爲下必因川澤，爲政不因先王之道，可謂智乎。」（凡本節所引孟子的話而未註明出處者，皆見附錄23與24。）照孟子此所說的，則知孟子所謂之「仁政」，即是施政者，本於「不忍人之心」，而所行的「不忍人之政」。但是，如祇知本其不忍人之心，而不知以義裁之，則雖有「仁心仁聞」，亦不能達成「仁政」之目的。范氏曰：「齊宣王不忍一牛之死，以羊易之，可謂有仁心。梁武帝終日一食蔬素，宗廟以麵爲犧牲，斷死刑必爲之涕泣，天下知其慈仁，可謂有仁聞。然而宣王之時，齊國不治。武帝之末，江南大亂。其故何哉?有仁心仁聞，而不行先王之道故也。」（見朱子四書集註）然則什麼是「先王之道」?先王之道即是指的「堯舜之道」。有人認爲，儒家所講的堯舜之道，祇是託古改制而已。孟子曰：「盡信書，則不如無書。吾於武成，取二三策而已矣。」（見附錄64）此足證孔孟之時必有尙書。這即是說，孔孟所講的堯舜之道，決不會毫無根據。若完全祇是他們的假託之辭，他們又何能取信於當時之國君及學者。就現存的堯典舜典看來，則知所謂堯舜之道，完全是以天下爲公的。因其是以天下爲公，故除了禪讓以外，所有政治上的措施，皆是以便於爲人民解決困難爲鵠的，而不是以便於統治人民爲目的。因其是以便於爲民解決困難爲目的，所以其政治上的措施皆是爲「利物」而「足以和義」。此種爲「利物」而「足以和義」之政治制度，若「不以仁政」，必仍是「不能平治天下」；若行仁政，而不遵堯舜之道，亦是難於獲得政治上所預期之效果。這就是說，我們欲真能平治天下，一方面是要行不忍人之政，一方面也要「竭心思」而取法於堯舜的政治制度之精神。

孟子之以仁義并稱，於此亦見其確是非常正確。第二，孟子曰：「是以惟仁者宜在高位。不仁而在高位，是播其惡於眾也。上無道揆也，下無法守也。朝不信道，工不信度。君子犯義，小人犯刑。國之所存者幸也。故曰，城郭不完，兵甲不多，非國之災也。田野不辟，貨財不聚，非國之害也。上無禮，下無學，賊民興，喪無日矣。」我常常這樣的想，凡在野的個人，即令他不識得此仁體之全；若他能在表面上做敬禮忠恕的工夫；或者，他若能做忍讓謙遜的工夫；他即可以「自求多福」而終身受用不盡。但是，若居高位者而不識得此心之仁，即令在表面上亦能實踐仁之某些項目，他必是會播其惡於眾。若此種人而能「立言」，他必會播其惡於天下後世而禍害天下後世。照這樣說來，孟子所講的仁義，確是爲大人先生「說法」的。孟子曰：「有大人之事，有小人之事。」又曰：「堯以不得舜爲己憂，舜以不得禹皐陶爲己憂。夫以百畝之不易爲己憂者，農夫也。」（見附錄19）大人先生而不知憂其「我由未免爲鄉人也」（見附錄36）；那麼，這便是他的「終身之憂」（見同上）。照這樣說來，孟子所謂的君子野人，實祇是在加重居高位者良心上的責任，而決不是「孟子之迂」。孟子曰：「禹惡旨酒，而好善言。湯執中立賢無方。文王視民如傷，望道而未之見。武王不泄邇，不忘遠。周公思兼三王，以施四事。其有不合者，仰而思之，夜以繼日，幸而得之，坐以待旦。」（見離婁下）又曰：「禹稷顏回同道。禹思天下有溺者，由己溺之也。稷思天下有飢者，由己飢之也。是以如是其急也。禹稷顏子，易地則皆然。」（見同上）又曰：「思天下之民，匹夫匹婦，有不被堯舜之澤者，若己推而內之溝中。」（見萬章上）古之大人先生，其憂民之深，自任之重。現今民主國家的政府首長，亦是少有的。但必須如此，才是居高位者可以無愧於心。所以孟子此所說的，皆是大人先生所應該有的良心上的責任。我們也可以這樣的說，凡是地位愈高的，其所應負的良心上的責任必愈大；而對於仁體之全，亦更須保持勿失。我說，孟子所講的仁義，確是爲大人先生「說法」的；如此，當更可概見。因爲「不仁而在高位，是播其惡於眾也」。而且，地位愈高，播惡必愈大，爲害亦愈深，於是，政治上弄得一蹋糊塗，以致喪亡無日。所以，在高位者，或是仁或是不仁，這是關乎一個國家之廢興存亡。照這樣說來，凡大人先生或有志於擔當國家大事者，是特別應該求其放心，俾能反身而誠，以由仁義行。這當然也是孟子講仁義的最主要的動機之一。第三，孟子曰：「詩曰，天之方蹶，無然泄泄，泄泄，猶沓沓也。事君無義，進退無禮，言則非先王之道者，猶沓沓也。故曰，責難於君謂之恭，陳善閉邪謂之敬，吾君不能謂之賊。」又曰：「規矩，方員之至也；聖人，人倫之至也。欲爲君盡君道，欲爲臣盡臣道。二者皆法堯舜而已矣。不以舜之所以事堯事君，不敬其君者也；不以堯之所以治民，賊其民者也。」照孟子此說，欲法堯舜之道而行仁政；爲君者一定要學堯之爲君，爲臣者一定欲學舜之爲臣。至於堯是如何的爲君，舜是如何的爲臣，在堯典與舜典中，已可窺見其大概。而且，照孟子所說的看來，則通常一般人所謂之恭順與敬重，與孟子所謂的恭敬，其意義是完全不同的。由此，亦可看出孟子對於君臣關係的一種基本觀念是什麼？這就是說，君臣之間，必須維持一種如堯如舜之關係，才真可以實行仁政而平治天下。至於視君如父之徒，而祇知唯唯諾諾的奉命唯謹；這祇是在家天下的政治制度之下，爲保持高位的一種做官的方法而已，那能談得上是法堯舜之道而行仁政。當然，在家天下之政治制度下，亦不乏苦心孤詣之士而克盡所能的以行不忍人之政。對於這種人，亦是未可厚非的。第四，孟子曰：「孔子曰，道二，仁與不仁而已矣。暴其民甚，則身弑國亡；不甚，則身危國削，名之曰幽厲。雖孝子慈孫，百世不能改也。詩云，殷鑒不遠，在夏后之世，此之謂也。」這就是說，不行仁政，必暴其民。暴其民甚則國亡，不甚則國危。此如立竿見影，百試不爽。居高位者，欲能「自求多福」，是祇有反求諸己，而識得仁體之全，且以義裁之，俾能由仁義行而免於危亡。人民對於暴政，必是不能長久忍受的。爲便於統治人民的政治，雖是竭盡心思，亦總會暴露缺點，而爲爭自由爭生存的人所推翻。此一原則，決不會例外。總上所述，則知法堯舜之道而行仁政，確是既能有利於人民，而也有利於在高位者。所以，任何個人，若能由仁義行，則可以「自求多福」。至於居高位者，若能由仁義行，則不僅可以自求多福，亦且可以造福於大眾。足見居仁由義，確是人之安宅與正路。

六、行仁義則國治，欲利國則國亡。

我們須作進一步陳述的，即孟子一書中，對於行仁義則國治，欲利國則國亡的這一觀念是特別強調，而予人印象至深的。茲特將孟子所說的引述於下：

一、「孟子見梁惠王」至「何必曰利」（詳附錄1）。

二、「鄒與魯鬨」至「斯民親其上，死其長矣」（詳附錄8）。

三、「孟子曰，三代之得天下以仁」至「是猶惡醉而強酒」（詳附錄25）。

四、「孟子曰，人不足與適也」至「一正君而國定矣」（詳附錄32）。

五、「孟子曰，君仁莫不仁，君義莫不義」（詳附錄34）。

六、「宋經將之楚」至「何必曰利」（詳附錄49）。

照以上所述，則知孟子七篇，其開宗明義的第一章便說：「王何必曰利，亦有仁義而已矣。」（見附錄1）吾人深玩孟子七篇之旨，得知孟子所謂之仁義之政，是以「利民」爲主，而特別反對「利國」。照這樣說來，某一政治思想，其所謂之國家利益，即是指的全體人民之利益，則此一政治思想，即合於孟子所謂之仁義之政。若某一政治思想，其所謂之國家利益，不是指的全體人民之利益；而祇是著眼於統治集團爲便於統治人民；或者，此一統治集團雖亦高喊全體人民之利益就是國家之利益的口號；但由於居高位者之私心自用，以致所有政治上之措施，在實際上皆是爲便於統治人民；則此種政治思想或政治制度，便不合於孟子所謂之仁義之政。不合於孟子所謂之仁義之政，便是爲「利國」的暴政。今日的共產主義，用孟子的觀點來說，不論是那一國的共產主義，全都是一種爲「利國」的暴政而無疑。（達按：這是卅年前之我見。中國大陸在改革開放後已大有改變。）至於今日的西方民主國家的政治思想與制度，大體上是合於孟子所謂的仁義之政。照這樣說來，凡居高位者，若祇著眼於「利國」，而不知著眼於「利民」，則其所實行的政治，很難不流於暴政。所以某些居高位者，從某種觀點說，雖亦是公忠體國；而且，其個人的生活習慣，道德修養，亦都是非常良好；但由於一念之差，而祇知「利國」，不知「利民」，終至一敗塗地，這就是「不仁」之過。「利國」的思想，完全是私心自用，確是很危險的。孟子對梁惠王及宋牼都說得非常明白（見附錄1與49）。孟子之意，是謂居上位者，若能以「利民」爲主，則便是實行了仁義之政；於是，則

「君仁莫不仁，君義莫不義」（見附錄31與34），而舉國上下，皆能懷仁義以相接。舉國上下，若皆能懷仁義以相接，則必能親愛精誠，團結一致。於是，我們也可以這樣的說，欲舉國能親愛精誠，團結一致，是祇有行仁義之政。「鄒與魯鬨。穆公問曰，吾有司死者三十三人，而民莫之死也。誅之則不可勝誅，不誅則疾視其長上之死而不救，如之何則可也。孟子對曰，凶年饑歲，君之民，老弱轉乎溝壑，壯者散而之四方者幾千人矣；而君之倉廩實，府庫充，有司莫以告，是上慢而殘下也。曾子曰，戒之戒之，出乎爾者，反乎爾者也。夫民今而後，得反之也，君何尤焉。君行仁政，斯民親其上，死其長矣。」（見附錄8）吾人躬逢國家鉅變，創痛至深。深覺孟子此所說的，確爲至理名言。若有人認爲這是孟子之迂，這就是不仁不智之甚。孟子曰：「三代之得天下也以仁，其失天下也以不仁。國之所以廢興存亡者亦然。天子不仁，不保四海；諸候不仁，不保社稷；卿大夫不仁，不保宗廟；士庶人不仁，不保四體。今惡死亡而樂不仁，是猶惡醉而強酒。」（見附錄25）在上一節我曾經說過：士庶人即令不仁；但若能行敬禮忠恕或謙恭忍讓等事，亦必能「自求多福」而終身受用不盡。至於治國家者，若不識得此心之仁而義以裁之，即令爲潔身自好之士，或甚至有仁心仁聞，亦終必自取敗亡而陷於終身憂辱。許多大人先生；因智不及此；或者，智雖及之，但仁不能守之，以致不能行仁義之政。在其未失敗以前，總以爲行仁義之政，是迂遠而不切實際，及其既失敗以後，總以爲他之失敗，并非咎由自取，此亦可說是至死而猶不悟者。孟子爲什麼要特別強調，行仁義則國治，欲利國則國亡這一觀點；如此，亦當知孟子立言之旨何在了。許多人對於孟子所講的仁義之政，雖亦知道是一種反對「利國」的思想；但很少人知道這就是一種「利民」

的思想。關於這一點，以下我仍將隨時就便的予以辨說。在這裏我須特別予以陳述的，即孟子所講的仁義之政，必是本於「利物足以和義」的思想而推演他的政治哲學。孟子的政治哲學完全是本於他所講的仁義而希望能在政治上實踐。吾人切勿以爲孟子所講的仁義之政，是迂遠而不切實際。祇要我們真能行仁義之政，這便是全體人民與國家之福。例如台灣所實施的「耕者有其田」政策，這便是本於三民主義所實行的一種仁義之政。這種政策給予佃農的恩惠與鼓勵確是很大的。台灣人民之所以顯得活潑有生氣，可以說完全是這一政策實行的結果。這一政策，當然是與地主不利；但亦并不是不利到使他們不能生存下去。一種政策能使人人可以生存；而且亦可以鼓勵刻苦耐勞者能日益走向欣欣向榮之道，這便是實行了仁義之政的初步，亦自然會使整個的社會步入安定與繁榮。這誠如立竿可以見影，而決不是迂遠不切實際。照這樣說來，孟子的行仁義則國治，欲利國則國亡的觀念，確是非常正確的。（達按：這是民國六十年代初期所寫的，對於「耕者有其田」此一政策之評斷，現已證明其確是非常正確。）

七、仁者無敵，善戰者服上刑，且其國必亡

有許多居高位者，未能認識行仁義則國治，欲利國則國亡的這一觀念之正確性，而祇知重視武力。重視武力的觀念，孟子是極其反對的。茲特將孟子所說的引述於下：

一、「梁惠王曰，晉國天下莫強焉」至「故曰仁者無敵，王請勿疑」（詳附錄2）。

二、「孟子曰，以力假仁者霸」至「無思不服，此之謂也」（詳附錄12）。

三、「孟子曰，求也爲季氏宰」至「辟草萊任土地者次之」（詳附錄31）。

四、「魯欲使慎子爲將軍」至「務引其君以當道，志於仁而已矣」（詳附錄51）。

五、「孟子曰，今之事君者」至「不能一朝居也」（詳附錄52）。

六、「孟子曰，不仁哉，梁惠王也」至「及其所愛」（詳附錄63）。

七、「孟子曰，盡信書」至「而何其血之流杵也」（詳附錄64）。

八、「孟子曰，有人曰，我善爲陳」至「焉用戰」（詳附錄65）。

九、「孟子曰，不仁而得國者，有之矣」至「未之有也」（詳附錄67）。

照以上所述：第一、孟子認爲善戰者是應該服上刑，而其「罪不容於死」。因爲照孟子的看法，一個國君若不行仁政，而他的臣下若幫助做富強的工作，則這個臣下便是爲孔子所棄絕的。若竟出之以「強戰」，以致「爭地以戰，殺人盈野；爭城以戰，殺人盈城；此所謂率土地而食人肉」（詳附錄31），當然是罪不容於死的。孟子曰：「今之事君者，曰、我能爲君辟土地，充府庫。今之所謂良臣，古之所謂民賊也。君不鄉道，不志於仁，而求富之，是富桀也。我能爲君約與國，戰必克。今之所謂良臣，古之所謂民賊也。君不鄉道，不志於仁，而求爲之強戰，是輔桀也。由今之道，無變今之俗；雖與之天下，不能一朝居也。」（詳附錄52）照以上孟子所說而我們須特別指出的，即孟子是祇反對那些善於斂財與善於打仗而又是助桀爲虐的人。因爲此等人祇是爲了一己的升官發財之私慾，而不顧他人死活的以圖爲自己建功立業，其心確是可誅的。這就是說，若是爲正義而戰，而不是「殺人以求之」的「徒取諸彼以與此」（詳附錄51），則便是仁人君子之存心了。爲什麼孟子不提倡義戰而祇是勸告當時的國君不要過份重視武力呢？因爲在孟子之時，各國的國君，都祇知道重視武力，并祇企圖擴大自己的地盤。一些祇知道升官發財的游說之士，又都迎合國君的此種心理。所以各國的武備都已經很強大，而老百姓的負擔也早已到了不堪忍受的程度。因此，當時最急需的工作，是祇有實行「利民」的仁義之政。於是，孟子對於那些助桀爲虐的文人或武人，便都毫不客氣的予以口誅筆伐了。這就是說，儒家的學說，決不非戰；而且是贊成有文事者必有武備。如果，因過於重視武備而殘民以逞，則便爲儒家講仁義的學說所不容。我們讀孟子之書，對於這一點是應該先弄清楚的。第二，孟子認爲「仁者無敵」。他說：「王如施仁政於民，省刑罰，薄稅歛，深耕易耨。壯者以暇日，修其孝悌忠信；入以事其父兄，出以事其長上；可使制梃，以撻秦楚之堅甲利兵矣。彼奪其民時，使不得耕耨，以養其父母，父母凍餓，兄弟妻子離散，彼陷溺其民，王往而征之，夫誰與王敵。」（詳附錄2）孟子此所說的，祇以我們國民革命軍之北伐能迅速獲得成功這一事實，即足以證明其正確。人民對於暴政痛恨之深，以及其望治之殷，這是許多居高位者所不容易理解的。許多居高位者，祇看到了有形的武力而忽視了無形的力量；或者，祇著重有形的力量而摧殘無形的力量。殊不知，有形的力量是并不可靠的，祇有無形的力量才真是不可抵禦的。我們北伐之所以易於獲得成功，可以說完全是由於人民對軍閥痛恨之深，以及對我們的三民主義寄予了最殷切的希望；而且，當時的國民革命軍也都有爲實現三民主義而犧牲奮鬥的決心與三民主義必定可以實現的信心；所以我們能以劣勢的武力而很迅速的打垮了遠爲優勢的軍閥；因此，祇要我們真能本於三民主義而實行仁義之政，則三民主義，便可比之爲堯舜之道。「堯舜之道，不以仁政，不能平治天下。」於是，我們應當知道，仁者之所以無敵；乃仁者能愛民利民，而又能伐殘去暴的以救民於水火。孟子又曰：「有人曰，我善爲陳，我善爲戰，大罪也。國君好仁，天下無敵焉，南面而征，北狄怨，東面而征，西夷怨；曰、奚爲後我。武王之伐殷也，革車三百輛，虎賁三千人。王曰、無畏，寧爾也，非敵百姓也，若崩厥角稽首。征之爲言正也，各欲正己也，焉用戰。」（詳附錄65）正己而後可以正人。於是，我們更應當知道，仁者之所以無敵，乃在其能「正己」，而不是其能善爲陳與善爲戰，因爲善戰者必好戰，好戰者不仁，不仁而好戰者，因自恃其善戰，終必戰敗而陷於滅亡；我國古代之楚霸王與歐洲近代之拿破崙以及現代之希特拉，都是因善戰而好戰，以致自取滅亡的明證。第三，關於好戰必亡，孟子還有一段很精闢的辨說。孟子曰：「不仁哉，梁惠王也。仁者以其所愛，及其所不愛；不仁者以其所不愛，及其所愛。」公孫丑曰：「何謂也？」「梁惠以土地之故，糜爛其民而戰之，大敗，將復之，恐不能勝；故驅其所愛子弟以殉之，是之謂以其所不愛，及其所愛也。」（詳附錄63）雖然，梁之滅亡，是數十年以後的事；但「以其所不愛，及其所愛」，則是任何好戰者之所以滅亡的原因。因爲好戰者，既不能「以其所愛及其所不愛」；而且，「其所愛」者亦難免作毫無代價的犧牲；這樣，既毫不吝惜的喪失自己的力量，其結果當然會自取滅亡而毫無疑義，至於尚能自延殘喘者，必賴客觀的有利因素而使其能暫時的免於滅亡而已。我常常這樣的想，凡擔負戰爭指導責任者，決不能絲毫意氣用事，更不能輕視敵人；而必須充其不忍人之心，以吊民伐罪爲己任；於是，才真正有致勝的希望。我始終認爲，戰爭決不是全憑主觀的意志便可以獲得勝利。即令偶而能勝，實祇是一種例外的僥倖，當不足以爲法。吾人必須深深的體會孟子所說的「仁者無敵」的意義，然後才真能正己以正人。這就是說，從純軍事的觀點而著眼於戰爭，必易爲主觀的意志所炫惑；且亦必易流於不仁，并因而招致失敗。歷史上此種教訓是很多的。有國家者，必須三復斯言，然後才真能免於危亡。第四，照孟子的看法，善戰者若能假仁假義，亦是可以稱霸於天下的（詳附錄12）。我們認爲，善戰者若能假仁假義，則決不致於好戰。須知齊桓公之假仁假義，乃祇是以能行仁義爲已足而未能誠心的由仁義行而已。因此，所謂假仁假義并不是一種謀略。如祇從謀略的觀點而假仁假義，乃是不仁之甚。當然，孟子亦不否認：「不仁而得國者，有之矣」（詳附錄67）。但是，不仁者即令能以武力得國，亦將「不能一朝居也」。我們要知道，凡不仁而得國者，當其得國以後，是很難不殘民以逞的。斷沒有以不仁得國而又能以仁守之的。不過，須特別指出的，仁義之師，并不是禁止用謀略的。若祇知用謀略而不本於仁義，這才是不仁之甚。假仁假義雖也可以說是不仁，但決非是不仁之甚；不仁之甚，亦可能因時乘勢而得國；然而，這是不可以爲法的。總之，仁者之所以無敵，乃因仁者必能行仁義之政，而可以獲得敵我雙方人民的擁護；於是，仁者乃成爲得道者多助，不仁者乃成爲失道者寡助；所以，即令仁者在有形武力方面或稍居劣勢；然而，若綜合有形與無形這兩種力量而言，則仁者在本質上仍是一種優勢。而且，仁者必不好戰；因此，仁者與不仁者之戰爭，其曲必在於不仁者。「師直爲壯，曲爲老」；不仁者之兵，必是軍心渙散，士氣低落，而不堪一擊的。而且，兵決非因善戰而勝，乃是因舉國上下，確能和衷共濟而勝，我之所以如此說，實祇是說，我們決不能從純軍事的觀點而著眼於戰爭；卻不是說，站在純軍事的觀點亦不應講求克敵制勝之道。孟子曰：「盡信書，則不如無書，吾於武成，取二三策而已矣。仁人無敵於天下。以至仁伐至不仁，而何其血之流杵也。」（詳附錄64）孟子此說，似在過份強調仁者能兵不血刃而勝敵。實際上，在某種情勢之下，即令是以至仁伐至不仁，總仍是難免要流血的。尤其是，當不仁者以詐術而企圖席捲天下時，仁人君子亦不應吝於流血的「寧爲玉碎，毋爲瓦全」，志士仁人，又何能求生以害仁。

八、仁者為國，在善推其所為；故行仁義之政，必可王天下

從孟子之講仁義，我們仍須進一步陳述的，即孟子認爲，仁者爲國，在善推其所爲；故行仁義之政，必可王天下。茲特將孟子所說的引述於下：

一、「齊宣王問曰，齊桓晉文之事可得聞乎」至「然而不王者，未之有也」（詳附錄3）。

二、「齊宣王問曰，人皆謂我毀明堂」至「於王何有」（詳附錄5）。

三、「公孫丑問曰，夫子當路於齊」至「惟此時爲然」（詳附錄10）。

四、「孟子曰，桀紂之失天下，失其民也」至「其何能淑，載胥及溺，此之謂也」（詳附錄29）。

五、「白圭曰，丹之治水也」至「吾子過矣」（詳附錄53）。

六、「孟子曰，仁言不如仁聲之入人深也」至「善教得民心」（詳附錄55）。

照以上所述：第一，則知孟子所謂的仁義之政，其基本原則，在於能善推其所爲。此所謂之善推其所爲，實就是忠恕之道的恕道而在政治方面的實踐。孟子因齊宣王「恩足以及禽獸，而功不至於百姓」（詳附錄3，本節以下凡引述孟子的話而未註明出處者皆同此）；乃向齊王特別強調「推恩」的方法。所謂「推恩」，就是舉「斯心」而「加諸彼」，亦即是由親親而及於仁民愛物。所謂「文王發政施仁，必先斯四者」（詳附錄5）；所謂「老吾老，以及人之老；幼吾幼，以及人之幼」。這都是「推恩」的最基本形式。能「推恩」，則就是善推其所爲，在這裏須特別指陳者：即孟子本於孔子的忠恕之道，而闡述「推恩」之思想，以應用在政治方面；一方面必是承認私有財產之存在，一方面必是使每一個人都能事父母，畜妻子，而無虞匱乏。這就是說，孟子的思想，是希望人人都能「推恩」；因此，孟子是尊重個人的權利，而承認應該有私有財產。孟子及所有的儒家亦都知道，在政治制度上爲防止個人慾望的無限止的發展，是必須防止財產之集中而免防害別人的權利。儒家特別重視「禮」。此固是從個人修養上說的，亦是從政治制度方面說的。禮就是節制。此乃借用音樂必須有規律才能和聲之義，而認爲人類社會必須有節制才能表現爲一團和氣。一切皆節之以禮，這是儒家思想在實踐時的最基本的形式；而且，孔孟都認爲，最好是每一個人都能自覺的節之以禮。照這樣說來，儒家是認爲祇應節制個人的權利，而決不否定個人的權利。因此，禮運篇所謂「故聖人耐以天下爲一家。以中國爲一人者」，必是聖人能使天下之人，都能本於「推恩」的形式，而做到「不獨親其親，不獨子其子」（見禮運篇）的使全天下如一家。此當然不是共產主義人民公社而在形式上將天下變成爲一家，須知大同主義亦不是主張廢棄私有財產的。所謂「貨惡其棄於地也，不必藏於己；力惡其不出於身也，不必爲己。」這祇是說，在大同社會，人民可以「不必」有私有財產，卻決非如共產主義的「不准」有私有財產。而且，所謂「不獨親其親，不獨子其子」；所謂「男有分，女有歸」，亦足以證明大同社會并不破壞家庭制度；否則，女可以不必有歸，而任何人亦無須「不獨親其親，不獨子其子」的以「推恩」於天下之人了。於是，我們當知孟子所謂的「推恩」，是與共產主義的否定私有財產的思想完全不能相容的。而且，孟子的此種思想，亦就是本於孔子所講的忠恕之道，發揮了孔子所講的仁之真義，而應用在政治方面。儒家是有公天下的民主思想，但絕無公財產的共產思想。這是我們讀孔孟之書時應先弄清楚的；否則，我們便不能真的體認出儒家講仁義的哲學究竟是什麼？第二，孟子的「推恩」之政治思想，亦就是大學上的由內聖而外王的政治思想。此種思想若真能實現，即可以平治天下。我嘗研究儒家學說中所謂之「平」，是本於「和」而以之裁制天下國家之大事。因其如此，故所謂「平治天下」，即是「和治天下」，亦即是以義治天下。我們嘗聽見人說，不平則鳴。實際上，聲雖因不平而鳴；然而鳴之和則平。同樣的，水雖因不平而流；若流之暢，也就是平。所以儒家所謂的「平」不祇是拘泥於平等之義，而且著重於和暢之義。若祇求平等而忽視和暢，其結果必仍是一種假平等而不能獲得真平等（真平等與假平等之說見三民主義）。我嘗這樣的想，通常所謂之平等，應是指有一定之標準而爲人人所必須遵守。所謂法律之前人人平等，即是著重於此一定之標準而言。這是天經地義的。不過，此一定之標準，乃是使人類社會因和暢之故而各遂其生，不是在限制人之能力的發展。若將平等而誤之爲齊一，這卻是萬萬不可的。「天地、一指也；萬物，一馬也。」（見莊子齊物論）從形而上的觀點說，這是不錯的。人類社會，若因之而強使之同，則就是「執一」。孟子曰，「楊子取爲我，拔一毛而利天下不爲也。墨子兼愛，摩頂放踵，利天下爲之。子莫執中，執中爲近之。執中無權，猶執一也。所惡執一者，爲其賊道也。舉一而廢百也。」（見盡心上）楊墨之所以爲孟子反對，乃因渠等「賊道」而「執一」。若將平等誤爲齊一，實亦是「執一」而「賊道」。而且，即令是「執中」；若「執中無權」，亦就是「執一」。我們知道，所謂「中」，乃是「喜怒哀樂之未發」。「執中」當然就是執此「喜怒哀樂之未發」。所以「執中」亦大體上類似佛教徒的保任此既得之本體。佛教徒之喜耽空滯寂，其故當在如此。此即是佛教徒之「舉一而廢百」。吾人欲使人類社會斷滅，都達到佛家所謂之「彼岸」，則「執中」自所必須。若欲使人類社會因和暢之故而各遂其生，則「執中」與楊朱之執「爲我」，墨翟之執「兼愛」同樣的是「執一」而「賊道」。「賊道」是賊取道而有害於道，猶如鄉愿之賊德而有害於德。照這樣說來，若將平等誤爲齊一，是決對不能平治天下。因爲平治天下，不是齊一天下。然則「推恩」爲什麼可以平治天下？人之所以能「推恩」，乃因此性本善之故；若人人都能明此本性之善，則人人皆能「推恩」而天下自然能平。我們認爲，若人性本惡，則天下決無平治之可能；蓋若人人皆因此本性之惡，則皆無向善之心，而祇有互相殘害以逞其惡，如此當然不能平治天下。所以，由外王而內聖的理想，實祇是一種空想。照這樣說來，欲真能平治天下，是祇有順人之本性之仁，而使人情之發，且因裁之以義而得能「利物」而生「和」。「推恩」的思想，即是順人之本性之仁與善而「利物」以「和義」。於是，是祇能先內聖而後外王的。也就是說，欲真能平治天下而進入大同世界，是必須因人人皆已臻於內聖之境而後才真有可能。像共產主義的廢棄家庭制度與私有制度而齊一人類社會之標準以作為進入大同社會之準備，此適足以貽害人類，這是我們必須明辨的。鐵幕內因共產主義之實行而所造成之人類災害，窮源溯本，實由於「執一」之過。許多人雖亦知共產主義之為害，但很少人真知其為害之根源，有些人雖反共，但仍贊成廢棄私有財產，此若非別有用心，亦即是不思之過。須知孫中山先生的民生主義，亦并不主張廢棄私有財產。民生主義雖主張共將來，亦祇是使有菽粟如水火，而使人民可以不有私有財產而已。許多人未能明白此點，以致常為共產主義張目而不自覺。吾人欲真能瞭解孟子的「推恩」之政治思想的正確，凡政治思想上的迷霧，如為我主義，兼愛主義，以及現代的共產主義等等，都必須予以掃清。第三，孟子的「推恩」的政治思想，是謂我以及我之親屬既然要能舒服的生活下去，則他人亦必同樣有此種願望；若真能彼此都「推恩」，則人人皆可獲得舒適的生活。是以治國家者，若能本於「推恩」之義而善推其所為，則必能得人心。孟子曰：「桀紂之失天下，失其民也；失其民者，失其心也。得天下有道，得其民，斯得天下矣。得其民有道，得其心，斯得民矣；得其心有道，所欲與之聚之，所惡勿施爾也。民之歸仁也，猶水之就下，獸之走壙也。」（見附錄29）照孟子此說，則知「推恩」就是「所欲與之聚之，所惡勿施爾也」。我們曾說，孟子所講的仁義之政是反對「利國」而主張「利民」，於此，當更可概見。此種「利民」的政治，當然是會為人民所歡迎而獲得民心，亦當然可以無敵的而「王天下」。孟子曰：「無恒產而有恒心者，惟士為能。若民則無恒產，因無恒心。苟無恒心，放辟邪侈，無不為已。及陷於罪，然後從而刑之，是罔民也。焉有仁人在位，罔民而可為也。是故明君制民之產，必使仰足以事父母，俯足以畜妻子，樂歲終身飽，凶年免於死亡；然後驅而之善，故民之從之也輕。今也制民之產，仰不足以事父母，俯不足以畜妻子，樂歲終身苦，凶年不免於死亡；此惟救死而恐不贍，奚暇治禮義哉。王欲行之，則盍反其本矣。五畝之宅，樹之以桑，五十者可以衣帛矣。雞豚狗彘之畜，無失其時，七十者可以食肉矣。百畝之田，勿奪其時，八口之家，可以無飢矣。謹庠序之教，申之以孝悌之義，頒白者不負戴於道路矣。老者衣帛食肉，黎民不飢不寒；然而不王者，未之有也。」照孟子此說，其「利民」之心，確是躍然紙上。其所謂「所欲與之聚之，所惡勿施爾也」，具體的說來，即是如此。在今日來說，孟子的此種理想，未必全是正確的；但其基本精神則決不錯。基於此種「利民」的思想而適合時代的精神以實施之，則必能「使天下仕者皆欲立於王之朝，耕者皆欲耕於王之野，商賈皆欲藏於王之市，行旅皆欲出於王之塗。天下之欲疾其君者，皆欲赴愬於王。其若是，孰能禦之。」這種真能「利民」而又真能得民心的政治，當然是可以無敵於天下。由此已足證「推恩」的政治思想確是「王天下」的惟一的原則。今日的美國，在內政上，其對於人民生活之改善，可能已或多或少的現實了孟子的此種理想；但其在外交上，則難免有「白圭治水」之嫌（見附錄53）。有人說：今日的美國，完全是假仁假義。若衡之以孟子的精神，則此種批評亦未嘗不是。因爲美國在第二次大戰將結束時，總難免有「以鄰國爲壑」之嫌，這是「仁人之所惡」的。假使美國人真能有充其不忍人之心，在世界第二次大戰將結束時而能善推其所爲，以拯救被共產主義所奴役之人民，則今日之世界局勢決不至於如此的險惡。即在今日來說，鐵幕內人民之「憔悴於虐政，未有甚於此時者也」（見附錄10），美國人若真能本於孟子的精神而思有以拯救之，亦未嘗無適當之方法；但因美國人之苟安於現實，以致每況愈下；於是，說美國人是假仁假義，實不爲過。（達按：此爲卅年前憂時之見，不見得正確；然曾幾何時，歷史自己已作了答案。）第四，孟子曰：「仁言不如仁聲之入人深也，善政不如善教之得民也，善政、民畏之；善教、民愛之；善政得民財，善教得民心。」（見附錄55）正確的說來，西方民主國家的政治，大體上可以說是善政。此種善政，因其制度是民主的，所以其民亦愛之；但是，卻應該輔之以善教，才真可以得民心。我們知道，「西方世界所成就的生活方式，雖未達完滿之域，但也達到相當的成就，其中有些特徵，在人類歷史上是全新的。這種生活方式差不多消除了貧窮，且大大地減少了疾病和死亡，這在一百年前是作夢也想不到的。此種生活方式又普及教育於人民，且使自由和秩序之間的調和達到一種嶄新的程度。」（見羅素（Bertrand Russell）所著，「世界之新希望」第一章）其他「如自由研究的精神，普遍繁榮狀態之理解，迷信之破除等」（見同上）；也可以說，此種現代文明的成就，其價值確是難以枚舉的。但是，「我們不可認爲文明生活方式有什麼本質的安定性」（見同上）。照羅素的看法，現代文明的生活方式之所以沒有本質上的安定性，乃由於「現代普遍的心情是一種無力行動的困惱之感」（見同上）；或者說，「幸福世界現在最大的障礙是恐懼」（見該書第十七章）。我們也認爲，恐懼是人類的一種由來已久的習慣，是由於最底層的感情使我們不自覺的具有此種情緒。但是，若將恐懼的情緒誤之爲是人類的本性，則便是一種錯誤。因此，欲使現代的文明生活有著本質上的安定性，是祇有直指人之本性而識得之；於是，則浩然之氣油然而生，而可以免除恐懼的情緒所給予人之苦惱。照這樣說來，我們儒家，尤其是孟子所講的仁義，確可以醫治現代西方文明之病。我這祇是說，西方人對於自反的功夫，似乎是做得不夠的；而不是說，西方文明完全是缺乏道德上的成就。從某些觀點說，西方文明所成就的道德水準是遠非現代的中國人所能及的。而現代中國人的道德水準所以低落，當然是由於貧窮與戰爭所造成的惡果。祇要中國人真能獲得現代西方文明的那樣成就，而又能在教育上「善教」之，則我們中國人，由於數千年儒家思想之薰陶，是應該容易獲得「無恐懼的生活」而成為「幸福的人」。我之所以如此說：一方面是說，西方人確是破除了舊日的迷信；但是，確又染上了新的迷信。例如，相信科學萬能，即已漸漸的成為一種迷信。這當然是由於西方的教育家，未能著眼於如何才能發揚人之善性。這不能說不是未能「善教」之過。在另一方面來說，是必須先實行了「利民」的政治，然後才能教之。「衣食足而後知禮義」。這說法是不錯的。因此，若衣食足，而不著重於教之以禮義，這即是未能「善教」之過。我們認為，若真能實現了孟子所謂的仁義之政，則必能實現孟子的仁義之教；而人人都可過著「無恐懼的生活」以成為幸福的人。於是，則當然可以「王天下」而實現「幸福的世界」。

九、孟子從仁義的觀點而講施政的優先順序

以上我們從孟子所講的仁義之政而看出了他的「推恩」之政治思想的概略內容。現再進而陳述孟子從仁義的觀點所講的施政之優先順序。茲特將孟子所說的引述於下：

一、「孟子曰，君子之於物也」至「仁民而愛物」（詳附錄61）。

二、「孟子曰，知者無不知也」至「是之謂不知務」（詳附錄62）。

照以上孟子所說的：第一，我們要知道，孟子所講的親親而仁民愛物，乃是對當時的國君說的，因爲當時的篡奪之風盛行，所以任何一國的國君對於骨肉之親皆猜忌甚深。凡治國者，若不能本於親親之仁而齊家，亦當然不能推恩而治國。堯典曰：「克明峻德，以親九族。九族既睦，平章百姓，百姓昭明，協和萬邦，黎民於變時雍。」這就是說，不能親親，必是不能「克明峻德」。中庸曰：「君子之道，造端乎夫婦」；此乃「辟如行遠，必自邇；辟如登高，必自卑」。所以治國家者，必須真能親親，然後才真能仁民。孟子曰：「人少則慕父母。知好色則慕少艾。有妻子則慕妻子。仕則慕君。不得於君則熱中。」（見萬章上）所謂慕少艾與慕君，即是被好色與好利祿之心，障蔽了慕父母的赤子之心。治國家者欲真能親親，是必須去盡一切習染之汚，而恢復慕父母的赤子之心；亦即是要能在本原上用功夫。因此，所謂親親，決不是親愛我之所親近者，而是要能本諸此心之仁，以作爲「推恩」的基礎。許多人不識儒家「親親」之此種意義，而以爲儒家之「親親」祇是親其所親而已。這確是一種莫大的誤解。須知儒家并不反對博愛與廣恩。相反的，儒家是以能廣恩與博愛爲最難能的事。子貢曰：「如有博施於民，而能濟眾，何如，可謂仁乎？」子曰：「何事於仁，必也聖乎，堯舜其猶病諸。」（可覆按上篇第三節「聖人與仁者」）我曾見許多基督教徒或天主教徒，他們「信主」確是非常虔誠的，而且亦能很虔誠的爲教會服務；但是，若牽涉到他們自己的利害時，他們是很少能爲了公正而不顧自己的利益，亦很少能消除個人間的恩怨而待他的仇敵如鄰人。我并不是說，他們沒有愛心，而是說，他們的愛心很難經得起個人利害的考驗。我當然也不是說所有的天主教徒或基督徒都是如此，而是說，若祇著眼於愛心而不反求諸己以養得此心之仁，則其所謂之愛人是如無源之水，無根之木。一個人不能愛其親而能愛路人，實就是不誠。孟子之所以反對「兼愛」而主張「推恩」，乃是本於人之至性至情而教人按部就班的作。這當然是切近實際的。治國家者，亦應本此優先的順序而腳踏實地的去爲國。這就是儒家的親親而仁民愛物的真義。第二，孟子曰：「知者無不知也，當務之爲急；仁者無不愛也，急親賢之爲務。堯舜之知，而不偏物，急先務也；堯舜之仁，不偏愛人，急親賢也。不能三年之喪，而緦小功之察；放飯流歠，而問無齒決，是之謂不知務。」（見附錄62）照孟子此說，則知所謂「無不知」，不是知可以偏物，而是能「當務之爲急」。所謂「無不愛」，不是能「偏愛人」，而是能「急親賢」。堯舜之知，而不能偏物；堯舜之仁，而不能偏愛人。這就是說，知是決不能偏物，仁是決不能偏愛人的。但是，若能「急先務」則就是「無不知」；若能「急親賢」則就是「無不愛」。治國家者，若能「急親賢」，則就是「急先務」。孟子曰：「爲天下得人者謂之仁。」照這樣說來，儒家所謂的親親，決不是指親其自己之親人，而是指親其所應親之人。若祇是親其自己之親人，則便不能「爲天下得人」，而親親如何能謂之爲仁。我們認爲，治國家者，除了要正心以齊其家外，其次就是要能「爲天下得人」。所謂堯舜之道，就現存的堯典與舜典看來，實可以二意盡之：其一，是因人民之所欲或所惡者，爲人民設官分職，以幫助人民達其所欲，并幫助人民除去其所惡。第二，就是「爲天下得人」而真能爲人民興利除害。實際上，一個大的政治家，祇要真能把握住這兩個原則；那麼，治天下國家已無難事了。至於這兩個原則之所以能把握住，必是治國者能本於親親之仁而善推其所爲；尤其是在君主時代，更必須如此，才真能把握住這兩原則。但是，切勿以爲在民主時代，就無須本於親親而仁民之義，便可以把握住此兩個原則。實際上，任何一個政治家，若不能充其不忍人之心，必都不能實行仁義之政。上焉者，最多亦祇能假仁假義而行善政；下焉者，則可能破壞民主政治之基礎。今日的西方國家，如英美等國，是完全賴其有以天下爲公的優良的傳統；故人材得能輩出，而獲得今日的成就。我們知道，英美等國之所以能有今日的成就，乃在於確能「爲天下得人」，此當然是民主政治的優點。但因爲他們（尤其是英國）未能本於親親而仁民之義，以善推其所爲（如他們在過去的殖民主義），所以他們之「王天下」雖是「易於反掌」，而結果竟無所成。而且，英國的霸權已日益沒落，此誠然是深深的值得婉惜的。綜上所述，則知若從仁義的觀點而講施政的優先順序，其最急要者，乃在於爲國者確能本於親親之仁而能爲天下得人。由此，亦足證孟子所以特別著重愛有差等，實祇爲了便於實行仁政而已。

十、孟子從仁義的觀點而講外交政策

現再進而陳述孟子從仁義的觀點所講之外交政策。茲特將孟子所說的引述於下：

一、「齊宣王問曰，交鄰國有道乎」至「民惟恐王之不好勇也」（詳附錄4）。

二、「齊人伐燕取之」至「則猶可及止也」（詳附錄7）。

三、「滕文公問曰，滕小國也」至「君請擇於斯二者」（詳附錄9）。

四、「孟子曰，仁則榮」至「自作孽不可活，此之謂也」（詳附錄13）。

五、「孟子曰，天下有道，小德役大德」至「誰能執熱，逝不以濯」（詳附錄27）。

六、「孟子曰，不仁者可與言哉」至「自作孽，不可活，此之謂也」（詳附錄28）。

照孟子此所說的：第一，則知一個國家之所以生存，確有其所以生存之道；同樣的，一個國家之所以滅亡，亦自有其所以滅亡之道。一個國家爲什麼會陷於危亡呢？孟子曰：「不仁者可與言哉？安其危而利其菑，樂其所以亡者。不仁而可與言，則何亡國敗家之有。有孺子歌曰，滄浪之水清兮，可以濯我纓；滄浪之水濁兮，可以濯我足。孔子曰，小子聽之。清斯濯纓，濁斯濯足矣；自取之也。夫人必自侮，然後人侮之；家必自毀，而後人毀之；國必自伐，而後人伐之。太甲曰，天作孽，猶可違；自作孽，不可活。此之謂也。」（見附錄28）這就是說，一個國家之所以遭遇外交上的失敗，或甚至於陷於危亡的境地，必皆是「自取之」。其最主要原因，乃是「安其危而利其菑，樂其所以亡者」而倒行逆施。因此，一個國家的內政的好壞，實可以決定一個國家外交的成功與失敗。弱國固無外交可言。一個內政敗壞的國家，即令在表面上仍然是一個泱泱大國，亦必會遭受他人的欺侮，而談不上有什麼外交。所以，一個國家，欲求能在外交上獲得輝煌的成就，完全是依賴於「自求多福」。孟子曰：「仁則榮，不仁則辱；今惡辱而居不仁，是猶惡濕而居下也。如惡之，莫如貴德而尊士。賢者在位，能者在職。國家閒暇，及是時，明其政刑，雖大國，必畏之矣。詩云，迨天之未陰雨，徹彼桑土，綢繆牖戶，今此下民，或敢侮予。孔子曰，爲此詩者，其知道乎！能治其國家，誰敢侮之。今國家閒暇，及是時，般樂怠敖，是自求禍也。禍福無不自己求之者。詩云，永言配命，自求多福。太甲曰，天作孽，猶可違；自作孽，不可活。此之謂也。」（見附錄13）一個國家，欲不「自作孽」，是祇有「貴德而尊士」，使「賢者在位，能者在職」，并能「明其政刑」。這些作法，即是「未雨綢繆」的而「有備無患」。即令我是一個小國，「雖大國，必畏之矣」。如此，在外交上亦當然可以有輝煌的成就。我們可以這樣的說，在野的個人，即令此心不仁，有時亦尚可僥倖的免禍；至於治國家者，若此心不仁，即令日以繼夜，憂勞備至，亦必無濟於事，而仍然會陷於危亡憂辱之境。此當然談不到會在外交上有何成就。因此，如好榮惡辱，是祇有識得此心之仁而擴充之；否則，若予智自雄，或有意無意的（即自覺或不自覺的）為滿足一己之情緒上的某種偏好而不知有以節之（這就是不仁不義），其結果必至「安其危而利其菑，樂其所以亡者」，雖有一二善行，或甚至在生活起居上能中規中矩；但因此心不仁，結果必仍是因「自作孽」而遭受他人的欺侮，且不能免於危亡之禍。總之，一個國家外交上的成敗，即是這個國家的內政之得失的考驗。外交上很少有僥倖成功的。治國家者，亦很少有因不仁而得能免禍的。兩千年之後，吾人讀孟子之書，深覺其析理入微而切合事實。有志為國者，能不知有所警惕。第二，一個國家的外交，亦非全憑武力為後盾，便可以獲得所希望的成就。而且，武力使用不當，尚可招災惹禍。齊宣王因燕之亂而伐燕。如果他是為平燕之亂而救燕，這當然是很正當的使用其武力；但齊宣王之伐燕，乃是乘人之危而企圖滅亡別人的國家。此誠是不仁之至，亦是武力之使用不當，以致「諸侯多謀伐寡人者」（見附錄7），并因而向孟子請教。孟子曰：「臣聞七十里為政於天下者，湯是也，未聞以千里畏人者也。書曰，徯我后，后來其蘇。今燕虐其民，王往而征之，民以為將拯己於水火之中也。

簞食壺漿，以迎王師。若殺其父兄，係累其子弟，毀其宗廟，遷其重器，如之何其可也。天下固畏齊之彊也。今又倍地，而不行仁政，是動天下之兵也。」（見同上）我們認爲，凡不仁而祇知唯武力是視者，常易動天下之兵。所以，若祇知依賴武力而不仁，是既不足平定內亂，而且將招致外禍。因此，一個國家的外交，亦是不能全憑武力爲後盾，便可以獲得其所希望之成就。照這樣說來，一個國家要能光榮的生存下去，是祇有依賴治國家者，能本諸其仁心而修明內政。若暴虐其民，使之窮困而無告，即令國富兵強，亦終必至於敗亡。這當然談不上在外交方面會有若何成就。第三，在外交上，亦是不能在相互敵對之兩強間，而全靠運用外交手腕，以獲得苟安。滕文公問曰：「滕小國也。竭力以事大國，則不得免焉，如之何則可？」孟子對曰：「昔者大王君邠，狄人侵之。事之以皮幣，不得免焉。事之以犬馬，不得免焉。事之以珠玉，不得免焉。乃屬其耆老而告之曰，狄人之所欲者，吾土地也。吾聞之也，君子不以其所以養人者害人。二三子何患乎無君。我將去之。去邠，踰梁山，邑于岐山之下居焉。邠人曰，仁人也，不可失也，從之者如歸市。或曰，世守也，非身之所能爲也，效死勿去。君請擇於斯二者。」（見附錄9）在今日來說，任何一個治國家者是不能「我將去之」的；因此，祇有「效死勿去」。這就是說小國對於大國之侵略，是祇有竭盡力之所能而死守之，而不應祇依賴外交上之靈活運用而企圖獲得暫時的苟安。因爲，若祇依賴外交上之取巧而企圖獲得苟安，勢必喪失一個國家的所以能光榮生存之道，而不知奮發以圖強，則終必因大國之侵略而滅亡。若有「效死勿去」之決心，則必能「彊爲善」而行仁義之政。於是，雖大國亦必畏之。即令不能成功的以保救自己的國家，也算是盡了救國的責任。總之，一個國家，必須不失其足以光榮生存之道；然後才真可以光榮的生存下去。若祇企圖利用外交上之投機取巧而求獲得暫時的苟安；或甚至祇企圖利用外交方法而認爲可以使國家強盛；這都是「樂其所以亡者」。其結果祇是自取滅亡而無可疑。第四，孟子認爲：「天下無道，小役大，弱役強」（見附錄27），這是天經地義的；所以齊景公曰：「既不能令，又不受命，是絕物也」（見同上）；於是，乃「涕出而女於吳」。爲國家者，既知自己的國家被他人役使之可恥；那麼，便祇有「好仁」而奮發有爲。孟子曰：「今也小國師大國而恥受命焉，是猶弟子而恥受命於先師也。如恥之，莫若師文王；師文王，大國五年，小國七年，必爲政於天下矣。詩云，商之孫子，其麗不億。上帝既命，侯于周服。侯服于周，天命靡常。殷士膚敏，祼將于京。孔子曰，仁不可爲衆也。夫國君好仁，天下無敵。今也欲無敵於天下而不以仁，是猶執熱而不以濯也。詩云，誰能執熱，逝不以濯。」（見同上）有人懷疑孟子此言，在今日說來，是否爲迂遠而不切實際。我們認爲，一個國家能否光榮的生存下去，有時也會受當時的國際局勢的影響。但是，一個內政修明的國家，較之一個內政混亂的國家，其可以光榮生存的機會必大。而且，即令一時因遭受侵略而亡國；一俟國際局勢澄清，便可以很迅速的恢復舊觀，這應是無疑義的。照這樣來說，孟子此言，絕非迂遠而不切實際。第五，孟子關於交鄰國之道，分爲以大事小與以小事大兩類。「惟仁者爲能以大事小」；「惟智者爲能以小事大」。孟子曰：「以大事小者，樂天者也；以小事大者，畏天者也。樂天者保天下，畏天者保其國。詩云，畏天之威，于時保之。」（見附錄4）當然，一個國家，其內政既修明；而且，亦能「畏天」而以小事大；而終至于不能「保其國」者，亦不是沒有的事。但是，這總算是盡了「爲國」的責任而無愧於心。如果不能善盡其救國之責，而予他人以可乘之機，這才是不應該。至關於武力的使用問題，孟子亦有極深刻的說明。孟子對齊宣王曰：「王請無好小勇。夫撫劍疾視，曰，彼惡敢當我哉！此匹夫之勇，敵一人者也，王請大之。詩云，王赫斯怒，爰整其旅，以遏徂莒，以篤周祜，以對於天下，此文王之勇也。文王一怒而安天下之民。書曰，天降下民，作之君，作之師。惟曰，其助上帝，寵之四方，有罪無罪，惟我在。天下曷敢有越厥志。一人衡行於天下，武王恥之，此武王之勇也。而武王亦一怒而安天下之民。今王亦一怒而安天下之民，民惟恐王之不好勇也。」（見同上）我曾說美國的外交，有白圭治水之嫌。照孟子此說，則知民主國家的領袖們，對於以蘇俄爲首的共產集團之奴役人民，確無「恥之」的心理。這就是說，即令美國的外交政策，雖未必完全象白圭的治水；但是，對於共產主義的橫行，實祇有「懼之」的存心，而無「恥之」的存心，似可斷言。（達按：這是卅年前之所見，固未必完全正確，但是，對於世局，除應有「懼之」之存心外，尤宜「恥之」，誠能如此，則其所成就的，當然不祇是在外交方面。）我們認爲，對於國際事務，而有一種「恥之」的存心，必會對世界和平作出重大的貢獻。

十一、孟子從仁義的觀點而講經濟政策

現再進而陳述孟子從仁義的觀點所講之經濟政策。茲特將孟子所說的引述於下：

一、「滕文公問爲國」至「若夫潤澤之，則在君與子矣」（詳附錄18）。

二、「孟子曰，伯夷辟紂」至「無凍餒之老者，此之謂也」（詳附錄58）。

三、「孟子曰，易其田疇」至「而民焉有不仁者乎」（詳附錄59）。

孟子從仁義的觀點所講之經濟政策，除以上所引述者外；其他如孟子向梁惠王說的「王無歲罪」（見梁惠王上），向齊宣王說的「蓋亦反其本矣」（見附錄3）；以及闢許行之「市價不貳」（見附錄19），闢白圭之「貉道」（見告子下），亦都是從仁義的觀點而講經濟政策。我們可以這樣的說，凡孟子講仁政或王道之具體內容時，是常常提出他的經濟上的主張的。現在國家事務日繁，經濟上的措施，誠是千頭萬緒。孟子在兩千年前的關於經濟上的主張，自然不一定能適用於今日。但其基本精神，則仍是不錯的。第一，孟子是不主張廢棄私有財產，這是我們在討論「推恩」的政治思想時便已詳爲辨說。而且，我們也可以這樣的說，孟子的經濟政策，是以「利民」爲目的。孟子勸梁惠王不要「曰利」而應該「曰仁義」（見附錄1），這就是勸梁惠王不要「利國」而應該「利民」。所以「利民」就是從政治上以實踐仁義。照這樣說來，從仁義觀點而講經濟政策，當然是以「利民」爲目的。在今日說來，孟子的此種思想，亦仍然是天經地義的。第二，基於「利民」的觀點，所以應盡可能的使人民在衣食住行各方面而能獲得自足與舒適。孟子曰：「民事不可緩也。詩云，晝爾于茅，宵爾索綯。亟其乘屋，其始播百穀。民之爲道也，有恒產者有恒心，無恒產者無恒心。」（見附錄18）照孟子此說以及孟子在其他各章所一再說的，可見孟子是要使民有恒產，而不是將「生產工具公有」，或甚至於使人民像「出家人」一樣的無家。孟子不僅要使人民有產有家，而且要人民「亟其乘屋」，俾能住得舒適。孟子的經濟思想確是與共產主義的經濟思想不相同的。有人根據孔子的大同主義而詆毀孟子的經濟政策。實際上，大同思想，亦不是反對人民有私有財產，這是在前面我們已予以說明的。我總認爲，毛澤東的人民公社，是或多或少的取法於康有爲的大同書；而大同書，則是抄襲了柏拉圖的「共和國」而加以牽強附會。熊十力近更將共產主義附會爲周官的思想（見原儒），這當然祇是曲學阿世而已。須知孔孟所謂之仁，是順人之至性至情而立說。父子有親，朋友有義，夫婦有愛，老少有序，這都是本於此心之仁而不容已的表現。我們欲能保持父子之親，夫婦之愛，家庭制度何能予以破壞。而且，柏拉圖所主張之共妻，亦祇是就「保衛人」（Guardians）而說的。因此，廢除私有財產的共產主義，如不加以牽強附會，確不能說是合於以孔子爲宗的儒家思想。我常常這樣的想，毛澤東的人民公社，亦可能是取法於佛教徒的叢林制度。佛教徒的叢林生活與柏拉圖的烏托邦的生活，大體上是有些相似。在願意過這種生活的人來說，這是他的一種偏好，何能強使天下人而同過此種生活。假如要毛澤東下放做人民公社的社員，我相信他亦必會反對人民公社的。不過，他是無這種自覺而已。孟子之惡「執一」，由此更足以證明其正確。總之，本於孔孟所講之仁，是祇能以「利民」爲目的，而使民有家有產的過其自足與舒適的生活，第三，欲使人民能過其自足與舒適的生活，是祇有少取之於民。因此，凡以「利國」爲目的而祇求多取之於民，這是孟子所竭力反對的。這可以說，孟子的經濟政策，是一種低稅率的政策。孟子曰：「市、廛而不征，法而不廛，則天下之商，皆悅而願藏於其市矣。關、譏而不征，則天下之旅，皆悅而願出於其路矣。耕者，助而不稅，則天下之農，皆悅而願耕於其野矣。廛、無夫里之布，則天下之民，皆悅而願爲之氓矣。」（見公孫丑上）這是說，若能少取之於民，則民悅之。孟子又曰：「有布縷之征，粟米之征，力役之征。君子用其一，緩其二。用其二，而民有殍。用其三，而父子離。」（見盡心下）這是說，若多取之於民，則人民會弄得妻離子散。所謂「苛政猛於虎」，足見多取之於民的失去民心。但是，孟子亦不贊成過於少取。白圭曰：「吾欲二十而取一何如？」孟子曰：「子之道，貉道也。萬室之國，一人陶，則可乎。」曰：「不可。器不足用也。」曰：「夫貉，五穀不生，惟黍生之。無城郭宮室宗廟祭祀之禮，無諸候幣帛饔飧，無百官有司，故二十取一而足也。今居中國，去人倫，無君子，如之何其可也。陶以寡，且不可以爲國，況無君子乎。欲輕之於堯舜之道者，大貉小貉也；欲重之於堯舜之道者，大桀小桀也。」（見告子下）照孟子此說，則知他固然反對重斂；但是，亦不贊成二十取一（孟子是贊成什一），而致國家的政務廢弛。所以孟子此所說的，雖不一定適用於今日，但其基本精神并沒有錯。第四，孟子對於人民的生活，曾有其較爲具體的理想。他曾一再的說，「五畝之宅，樹牆下以桑，匹婦蠶之，則老者足以衣帛矣。五母鷄，二母彘，無失其時，老者足以無失肉矣。百畝之田，匹夫耕之，八口之家，可以無飢矣。所謂西伯善養老者，制其田里，教樹畜，導其妻子，使養其老。五十非帛不煖，七十非肉不飽；不煖不飽，謂之凍餒。文王之民，無凍餒之老者，此之謂也。」（見附錄58及3）孟子的此種理想，在今日雖不一定適用；然從其所描述的看來，則知他所想像的人民生活，是如何的能自足而舒適。或許，今日西方文明的生活方式的成就，多有超過孟子的此種理想者；然而從「善養老」這一點來說，則是未能合乎孟子的理想。（達按：美國社會，雖未必善養老；然而政府及一般人，尚能尊敬老人，恐非其他國家所可比擬。）第五，以上孟子所理想的人民生活，可以說祇是他的理想的初步；至於他的最終的理想，則在於「使有菽粟於水火」。孟子曰：「易其田疇，薄其稅斂，民可使富也。食之以時，用之以禮，財不可勝用也。民非水火不生活，昏暮叩人之門戶，求水火無弗與者，至足矣。聖人治天下，使有菽粟如水火；菽粟如水火，而民焉有不仁者乎。」（見附錄59）孫中山先生在民生主義中有「均富」之說。假如「使有菽粟如水火」，則便可以「均富」。「均富」是自然而然的共產。民生主義所謂的「共將來」，須作如此理解。我認為民生主義，確是能融會貫通中西的經濟思想而獨自創造的一種主義。民生主義是明明的反對馬克斯而決沒有抄襲馬克斯的思想。我認為民生主義確是善繼孟子之志的。有些人把民生主義附會為共產主義。而我們國民黨同志亦很少有人作理直氣壯的反駁，而祇是說民生主義是「共將來」。我們國民黨的同志中，竟有所謂黨的理論家或權威人物，以馬克斯的共產主義而解釋民生主義。他之反共，祇是反對共產主義的「階級鬥爭」。可見他實在不懂得民生主義。因此，我們必須明白的指出；民生主義所謂的「共將來」，即是指的「均富」。「均富」，即是「使有菽粟如水火」。能夠「使有菽粟如水火」，則便是自然而然的共產。此種自然而然的共產，不是廢棄私有財產，而是可以「不必」有私有財產（不必二字見禮運，可覆按本篇第八節）。這祇是使人民生活得非常容易。也就是使天下之人人，像在一個大家庭中，而在生活上可以毫無憂慮。這種理想之實現，是以防止巧取豪奪為起點（孟子所謂之正經界即是在於防止巧取豪奪），然後設法使人人都富足，以達到使所有必需之生活資料如水火那樣取之不盡，用之不竭。這種理想之實現，不是從硬性的定出「全民所有制」便能實現。因為硬性定出的「全民所有制」，是使人民辛勤所得者不能自己享用；於是，必然的會減低人民之工作興趣；也是無異的扼殺了人民自由發展的能力。同時，硬性定出的「全民所有制」，即是政府或國家統制了人民所有的財富，而人民的生活則完全仰賴於政府的官吏；於是，則政府的官吏變爲人民的主人，而所有的人民皆變爲政府官吏的奴僕了。（達按：中國大陸，自改革開放以來，已大有改進。）在這種情形之下，人民是完全的失去了生活的依據，而祇能過著豬狗式的生活。至於孟子的「使有菽粟如水火」的經濟思想，則是使人人都富足到而可以取之不盡用之不竭的以度其生活。假如有一種社會，一個人祇需工作極少的時間，便可以獲得他自己及其家屬的舒適生活；而且，他也無須憂慮無工作可作，則這個社會便近乎孟子的理想而無疑。然後再從教育上以充實人民的精神生活，使人人都能發揚人之本性，則這個社會便可以漸漸的進入大同世界。大同世界，是必須以小康之治爲基礎。這就是說，小康社會與大同世界之不同，祇是人民的道德水準有不同而已。也就是說，小康社會，因各人都有機會以發展其才能，馴致人人臻於富裕之境；然後再教之以仁義，使人人都能親親而仁民愛物；於是，便實現了大同之治，也就是實現了孟子的經濟思想之最終理想。吾人讀孟子之書，常覺得孟子本乎仁義而所講的政治原理或經濟思想，確是亘萬古而常新。

十二、孟子從仁義的觀點而講君臣之義，以及政權之變更

現再進而陳述孟子從仁義的觀點所講之君臣之義以及政權之變更。茲特將孟子所說的引

述於下：

一、「齊宣王問曰，湯放桀」至「聞誅一夫紂矣，未聞弒君也」（詳附錄6）。

二、「孟子將朝王」至「而況不爲管仲者乎」（詳附錄16）。

三、「萬章問曰，人有言，至於禹而德衰」至「其義一也」（詳附錄38）。

四、「孟子曰，不信仁賢」至「則財用不足」（詳附錄66）。

照以上所述：第一，孟子是贊成國民革命的。孟子對於湯放桀，武王伐紂，是不認之爲弒君。孟子曰：「賊仁者謂之賊，賊義者謂之殘。殘賊之仁，謂之一夫。聞誅一夫紂矣，未聞弒君也。」照孟子此說，則知湯武在形式上雖是弒君，而在本質上則是救民。爲了救民，孟子亦是贊成弒君；而孟子之所以說「未聞弒君」，意在警戒齊王，而又避免刺激齊王。在君主時代，孟子竟能如此明白的宣佈：若是獨夫，則人民可得而誅之。足見孟子確是贊成國民革命的。第二，孟子認爲，沒有官職的人，即令諸侯召之，亦可以不見。孟子曰，「且君之欲見之也，何爲也哉？」曰，「爲其多聞也，爲其賢也。」曰：「爲其多聞也，則天子不召師，而況諸候乎；爲其賢也，則吾未聞欲見賢而召之也。繆公亟見於子思曰，古千乘之國以友士，何如?子思不悅，曰，古之人有言曰，事之云乎?豈曰友之云乎?子思之不悅也，豈不曰，以位，則子君也，我臣也，何敢與君友也；以德，則子事我者也，奚可以與我友。千乘之君，求與之友而不可得也，而況可召與？」（見萬章下）所以孟子又曰：「天下有達尊三，爵一，齒一、德一。朝廷莫如爵，鄉黨莫如齒，輔世長民莫如德，惡得有其一以慢其二哉。」（見附錄16）。因此，齊王要召見他，他便辭以疾而不去見。他還說：「故將大有爲之君，必有所不召之臣，欲有謀焉，則就之，其尊德樂道，不如是，不足與有為也。故湯之於伊尹，學焉而後臣之，故不勞而王。桓公之於管仲，學焉而後臣之，故不勞而霸。今天下地醜德齊，莫能相尚，無他，好臣其所教，而不好臣其所受教。湯之於伊尹，桓公之於管仲，則不敢召；管仲且猶不可召，而況不為管仲者乎？」(見同上)這就是說，治國家者，不僅應該用賢才，而且應該尊重賢才。若對於賢才而不禮遇，則必不能「為天下得人」，而其國必空虛，亦終必招致禍亂而陷於危亡。所謂「不信仁賢，則國空虛！無禮義，則天下亂；無政事，則財用不足。」(見附錄66)這就是說，不信仁賢者，必無禮義，其結果必是招致天下大亂，而其財用亦必將不足。由此，亦可見治國家者禮遇賢才之必要。若國君而不能禮遇賢才，而在野者竟又「熱中」名利，則此等人便將喪其所守。為保持自己的操守，則國君召之不以禮時，自可不應召。由此，足見孟子所謂之君臣之義，絕不是像漢以後的儒家，而將君與父并稱。所謂「楊子為我，是無君也」等語，毫無疑問的是經漢人竄改過的(請覆按本篇第四節)。第三，孟子認為做臣下的，應該以堯舜之道陳於王前，才是真的「敬王」。一個有人格的臣下，是應該「格君心之非」的。齊宣王問卿。孟子曰：「王何卿之問也。」王曰：「卿不同乎？」曰：「不同。有貴戚之卿，有異姓之卿。」王曰：「請問貴戚之卿。」曰：「君有大過，則諫。反覆之而不聽，則易位。」王勃然變乎色。曰：「王勿異也。王問臣。臣不敢不以正對。」王色定，然後請問異姓之卿。曰：「君有過則諫，反覆之而不聽，則去。」(見萬章下)由此，足見孟子所謂之君臣之義，是以道合；道合則留，不合則去。若為貴戚之卿，則對於不仁不義之君，可行伊尹周公之事。於是，亦可見孟子決無視君若父之思想。又孟子告齊宣王曰：

「君之視臣如手足，則臣視君如腹心。君之視臣如犬馬，則臣視君如國人。君之視臣如土芥，則臣視君如寇讎。」王曰：「禮，爲舊君有服，何如斯可爲服矣。」曰：「諫行言聽，膏澤下於民，有故而去，則君使人導之出疆，又先於其所往。去三年不反，然後收其田里，此之謂三有禮焉。如此，則爲之服矣。今也爲臣，諫則不行，言則不聽，膏澤不下於民，有故而去，則君搏執之，又極之於其所往，去之日，遂收其田里。此之謂寇讎，寇讎何服之有。」（見離婁下）孟子此所講的，亦是講的君臣之義。所謂君臣之義，最簡要的說法，即是孔子所說的：「君使臣以禮，臣事君以忠」（見論語八佾篇）。若君使臣不以禮，則臣事君亦可以不忠；既可以不忠，則自可以視君如寇讎。若漢以後之儒家，衹講究臣下對君上片面之忠，亦可以說是「枉己」而臣服君權。「枉己者未有能直人者也」（見滕文公下）。漢以後之儒者，懾於君主之威勢，而不得不「枉己」以就之，是皆孔孟之所不能許者。因爲孟子認爲：「夫枉尺而直尋者，以利言也」；所以「枉道而從彼」，即是喪失了其所應守之仁。我們認爲，在君權盛張之世，賢者自任以天下之重，有時固不得不從權；但是，卻不足以爲法於後世；然而有些儒者，如董仲舒之流，竟高唱臣罪當誅，天王聖明之說；後之儒者，竟以君爲父，而高唱三綱五常之名教；以致我國的君權，一直延長到清末。此等奴儒，實皆孔孟之罪人。而且，也因而使民主制度未能在我國獲得適當之發展；甚至於使一切都未能獲得應有之進步。漢以來之儒者，實大都是中華民族之罪人。此足見「枉道而從彼」，其爲害之深且遠。吾人讀孔孟之書，如此等處，常歎息而惶恐不止。第四，以上是陳述了孟子所講的君臣之義。現再進而說明孟子對於王位之繼承或政權之變更，其基本觀點究竟是什麼？萬章問曰：「人有言，至於禹而德衰，不傳於賢而傳於子，有諸？」孟子曰：「否！不然也。天與賢則與賢，天與子則與子。昔者，舜薦禹於天，十有七年，舜崩，三年之喪畢。禹避舜之子於陽城，天下之民從之，若堯崩之後，不從堯之子而從舜也。禹薦益於天，七年，禹崩，三年之喪畢。益避禹之子於箕山之陰。朝覲訟獄者，不之益而之啓。曰，吾君之子也。謳歌者不謳歌益而謳歌啓。曰，吾君之子也。丹朱之不肖，舜之子亦不肖。舜之相堯，禹之相舜也。歷年多，施澤於民久。啓賢，能敬承繼禹之道。益之相禹也，歷年少，施澤於民未久。舜禹益相去久遠，其子之賢不肖，皆天也，非人之所能爲也。莫之爲而爲者，天也。莫之致而至者，命也。匹夫而有天下者，德必若舜禹；而又有天子薦之者，故仲尼不有天下。繼世以有天下，天之所廢，必若桀紂者也；故益伊尹周公不有天下。伊尹相湯以王於天下。湯崩，太丁未立。外丙二年，仲壬四年。太甲顛覆湯典型。伊尹放之於桐。三年，太甲悔過。自怨自艾，於桐處仁遷義。三年，以聽伊尹之訓己也，復歸於亳。周公之不有天下，猶益之於夏，伊尹之於殷也。孔子曰，唐虞禪，夏后殷周繼，其義一也。」（見附錄38）孟子此所說的，有幾點須加以說明的；其一，孟子認爲，君主如有大錯，大臣卻可放逐之，一俟君主能悔過而處仁遷義，則可復之。此種大臣，如伊尹者，確有公天下之志，這真是值得贊揚的。但可惜者，像伊尹這種人，竟不能超越家天下之思想而建立民主政治的制度。此或許是當時的客觀環境不容許民主政治制度之樹立，亦或者像伊尹這種人，雖有公天下之心，而并不真的懂得民主政治。其二，從孟子的民貴君輕之說（見盡心下），以及孟子所說的「天子不能以天下與人」與以上所述之舜禹之禪讓，確已指出了禪讓與繼世，皆應本於民主之精神。這就是說，孟子確是有民主思想的。不過，民主的政治制度應如何樹立，在我們中國的古籍中，除道家確有民主思想外，實未見有任何的記載；也或許孔子與孟子亦并不真的懂得民主政治。其三，像堯舜之禪讓，其志雖佳，其事雖美；但因缺乏一定之制度，而祇全賴治國家者之公心；所以，此種制度未能行之久遠。一俟家天下之制度形成後，除非使用武力革命，是無法用民意改變政體的。所以孟子雖贊成由民意決定王位之繼承或政權之變更，結果祇是一種空想而已。其四，儒家所主張之仁政，在本質上必是一種民主政治。因爲能仁必公，公則無私，無私則治國家者決不會視國家爲私有。民主政治，可以說就是本於一個公字而所立之一套制度；因其有一套制度，所以凡有公心者皆願擁護此一套制度而使之能行之久遠。但因爲能公未必能仁，所以西方的民主政治，仍存有不少的缺點。儒家似乎認爲此套制度須至世界大同後方能建立；此或許就是儒家雖有民主思想而並不真的懂得民主政治的主要原因。我們認爲，是祇有從民主政治才可以進入世界大同的。亦惟有大同世界之實現，才真可以消除西方民主政治之缺點。此一點，孫中山先生確是認識得最清楚。我認爲，三民主義確是善繼孔孟之志的一種最好的創作。其五，照以上所述，則知儒家所主張之仁政，其基本精神確是亘萬古而常新的。因爲，這是本於人心之本然而所發生的一種思想；所以，即令因時代之限制，而在認識方面有不完全正確之處，如以上所已陳述者；其基本觀念則并無錯誤；而且，其最終的理想，則是現代人所應該努力以求實現的。

十三、孟子從仁義的觀點而講倫常之道

現再進而陳述孟子從仁義的觀點所講之倫常之道。茲特將孟子所說的引述於下：

一、「燕人畔。王曰，吾甚慚於孟子」至「又從爲之辭」（詳附錄17）。

二、「萬章曰，象日以殺舜爲事」至「此之謂也」（詳附錄37）。

三、「公孫丑問曰，高子曰，小弁，小人之詩也」至「五十而慕」（詳附錄48）。

照以上所述：第一，孟子曰：「仁人之於弟也，不藏怒焉，不宿怨焉，親愛之而已矣。」（見附錄37）這觀點是不錯的。因爲，一個人，若不能對自己的兄弟「不藏怒」，「不宿怨」；卻能對別人「不藏怒」，「不宿怨」；那麼，他對別人之「不藏怒」，「不宿怨」，必非出自本心，而必是自覺的或不自覺的爲利害之心所驅使而已。所以，一個人要真能對別人原諒，應先從能夠原諒自己的親人開始；然後才真有一種不雜於利害的原諒別人之胸襟。至於「親之欲其貴也，愛之欲其富也。封之有庳，富貴之也。身爲天子，弟爲匹夫，所謂親愛之乎？」（見同上）這種觀點，則是未見得完全正確的。這完全是一種家天下的思想。就象日以殺舜爲事這一點來說，舜能不藏怒不宿怨的而象憂亦憂，象喜亦喜的以待象，這誠是仁之至的。但身爲天子，而必須「封之有庳」，則極爲不妥。這便是對於民主政治之真諦無體認。我們認爲，孔孟所謂之仁，確是此天理之本然。亦必須是自然而然的表現此心之仁才真是一個仁者。但是，若不裁之以義；或者，知和而和，而不以禮節之，亦是不可行的。同時，所謂義與禮，有時會因時代的限制而見得不真；所以禮必須有損益，而義之內容亦會隨時代之進步而日益充實（若時代發生退化作用，則義之內容便日益貧乏）。吾人讀孔孟之書，這一點也是應該特別認識清楚的。第二，關於周公使管叔監殷的問題，亦可從邏輯的觀點予以說明：因爲陳賈的言論（見附錄17），若爲之補充小前提，即可成爲如下的兩難推理或兩刀論法（可參考陳大齊著「實用理則學」一四〇頁）：

> 若周公知道管叔將叛而使之監殷，則周公為不仁；若周公不知道其將叛而使之監殷，則周公為不智。
>
> 周公之使管叔監殷，或知其將叛，或不知其將叛，二者必居其一。
>
> 故周公不仁或不智。

陳大齊先生說：「陳賈的此一兩刀論法確甚犀利，似乎很可以成立，孟子則注意到大前提中假言命題實質上的錯誤，摘發而破斥之。照孟子的批評，若在他人，周公不知其將叛而使之監殷，尚可以說是不智。但管叔是周公的兄，周公之想不到他的兄會叛變，自屬情理之常。所以周公不知道管叔的將叛，不能說是不智。大前提的第二選支既不能成立，兩刀論法自亦全盤不能成立了。」（見同上）在這裏我不妨略說幾句題外的話，即在西方哲學界二千多年來曾一直使人感困惑的一個哲學上的難題或詭論：

這個方塊裏
所記載的話
全都是假的

羅素在建立了他的「型範論」（Theory of Types）之後，總算是解決了這一困惑。他認為這一難題之產生，是由於語言運用之不適當。即一個種類的總稱，不能是一個種類的份子，如同不論力氣多大的人，不能把自己舉起來一般。因之，像類似這類難題，不是一個邏輯問題，不是哲學問題，而是一個語言問題。我認為，儒家本於仁義之道而所談的人生問題，不全是一個邏輯問題，也不全是一個語言問題，而是一個問之於心是否有愧的問題。這就是說，儒家本於仁義之理所談之各種問題，是以真能無愧於心為主；若不違反邏輯的規律，語言的規範，這當然是很好的；若祇求合於邏輯的規律，語言的規範，這便是大有問題；因為即令得之於言，當之於理，亦未見得是得之於心的。所以儒家認為，不得於言，是應求之於心；若能真的求之於心，是總可以得之於言的。即以孟子對陳賈的答覆來說，我覺得陳大齊先生所說的「情理之常」這句話是很重要的。也就是說，孟子是以情理之常而破陳賈的兩難推理。我們認為，從說出的或寫出的哲學來說，自須注意邏輯問題與語言問題，以使所寫出的或說出的東西，能合於邏輯規律或語言規範而不悖。但是，若祇斤斤計較於邏輯的或語言的問題，則可能祇能「為人」而不能「為己」。因為，若祇從實踐的觀點來說，則祇須本乎人情之常而誠誠懇懇的實行之。孔孟之學，是教人如何的能本乎情理之常而實踐在人常日用各方面。此仍然難免錯誤。但是，若不求之於心，而祇求之於辭，這是萬萬不可的。孟子曰：「周公弟也，管叔兄也，周公之過，不亦宜乎。且古之君子，過則改之；今之君子，過則順之。古之君子，其過也，如日月之食，民皆見之；及其更也，民皆仰之。今之君子，豈徒順之，又從而爲之辭。」齊宣王伐燕而取之，完全是一種因貪利而背信的行爲。後來弄得幾乎不可收拾。他因覺得未聽孟子的話而「甚慙於孟子」，可謂尙能知道自己的錯誤。至於陳賈的「又從爲之辭」，卻是一種可惡的行爲。照這樣說來，孟子所講的倫常之道，是本乎情理之常；雖亦難免有過，然其過是「如日月之食」而并沒有損失日月本身的光明。凡事，若文過飾非而曲爲之辯說，則便足以失乎情理之常。我認爲，治邏輯學與語意學者，若能注意於情理之常而不喪失人心之本然，亦是足以發揚光大孔孟之學。第三，照以上所說，則知孟子從仁義的觀點所講的倫常之道，是本乎情理之常而得乎人情之正。因此，即令兒女對於父母，父母有過，亦可以怨。公孫丑問曰：「高子曰，小弁、小人之詩也。」孟子曰：「何以言之？」曰：「怨。」曰：「固哉！高叟之爲詩也。有人於此：越人關弓而射之，則已談笑而道之；無他，疏之也。其兄關弓而射之，則己垂涕泣而道之；無他、戚之也。小弁之怨，親親也；親親仁也。固已夫高叟之爲詩也。」曰：「凱風何以不怨？」曰：「凱風，親之過小者也。小弁，親之過大者也。親之過大而不怨，是愈疏也；親之過小而怨，是不可磯也。愈疏不孝也，不可磯亦不孝也。孔子曰，舜其至孝矣，五十而慕。」（見附錄48）吾人讀凱風與小弁之詩，知凱風深於自責而不怨。其實自責亦何嘗不是怨，不過，怨之不深而已。至小弁之詩，則如舜之號泣於旻天；然而深怨而不怒。由此，則知人處父子之間，以至兄弟夫婦朋友之間；是求如何才能使此情之發而中節，而不是一味順從父母才是孝，溺愛才是親。同時，若父母有過，或兄弟夫婦朋友有過，亦不能全憑一時的衝動而致後悔不及。即以凱風而言，據說是已有七子之母而不能安於室；而七子能盡其孝道，以慰其母心。有些做兒子的，對於母之不安於室，認爲有損自己的光榮，而怨恨不止或甚至不以爲母。這就是自私心作祟以致過於衝動而失人情之正。因此，欲使倫常關係不失其正，亦就是欲不失人情之正。照這樣說來，孟子本於仁義而所講的倫常之道，是與漢以後的儒家所講的名教絕不相同。第四，漢以後的儒家所講的三綱五常之名教，是爲阿諛專制帝王而將倫常之道予以形式化。我們認爲，凡形式化的東西，即令其內容是正確無誤的，久而久之亦必僵化。何況三綱五常之名教，其內容即不十分正確。我們可撇開五常之說不談。就所謂君爲臣綱，父爲子綱，夫爲妻綱而言，如謂長官應爲部下的表率，父母應爲兒女的表率，丈夫應爲太太的表率，其意義尙屬不壞。如謂部下必須以長官爲表率，兒女必須以父母爲表率，太太必須以先生爲表率；或者，部下、兒女、妻子等等，必須以長官，父母，丈夫等等之意志爲意志，則是大謬不然的。如此，則舜應該以瞽瞍爲表率，桀紂之臣應該以桀紂之意志爲意志了。誠如此，這還像話嗎？三綱之說，是假定爲君爲父爲夫者必須是合乎爲君爲父爲夫之標準者；但是，這祇能是一種假定；而此種假定祇是足以阿專制帝王之所好而已。由於此種假定，於是乃形成了片面之忠，孝、順從；而爲臣下，兒女，以及作太太的，都沒有自己的獨立的意志了；於是，所有天下之人人，都在精神上作了專制帝王的一個人的奴隸。自西漢以至清末的二千年間，這種三綱五常的思想曾視爲天經地義而沒有人敢公然反對，這真是令人痛惜的。因爲這種綱常之名教，是桎梏了中國人的思想而不能有所發展。至民國成立，經五四運動之激發，如是乃有打倒吃人的舊禮教之口號；然而認爲兒子不必孝順父母，或甚至認爲家庭制度亦不應維持，這未免過於因矯枉而失其正了。吾人讀孔孟之書，作「反身而誠」之仔細檢討，深知必須不失人情之正，才能清除社會的乖戾之氣，而使人人有一種祥和之胸懷，以表現爲社會式的融洽。必如此，人類社會才能各安其分，而大同世界的理想亦才能漸漸的可以實現。

十四、孟子從仁義的觀點而講立身行事之道

現再進而陳述孟子從仁義的觀點所講的立身行事之道。茲特將孟子所說的引述於下：

一、「彭更問曰，後車數十乘」至「然則子非食志也，食功也」（詳附錄21）。

二、「孟子曰，有天爵者」至「終亦必亡而已矣」（詳附錄44）。

三、「欲貴者，人之同心也」至「所以不願人之文繡也」（詳附錄45）。

四、「淳于髡曰，先名實者」至「衆人固不識也」（詳附錄50）。

照以上所述：第一，孟子認爲，「非其道，則一簞食不可受於人；如其道，則舜受堯之天下，不以爲泰。」（見附錄21）這是孟子所講的取予之原則。在世衰道微之時，一般的說來，若「於此有人焉。入則孝，出則悌，守則先王之道」，是很少有人因尊此而食之的；所以一般人都是「食功」而不是「食志」；也可以說是尊梓匠輪輿而輕爲仁義者。在這種情形之下，

如不能得行其志，亦祇好爲貧而求食。如「爲貧者，辭尊居卑，辭富居貧」（見萬章下）。「孔子嘗爲委吏矣，曰會計當而已矣；嘗爲乘田矣，曰牛羊茁壯長而已矣」（見同上）。因此，若祇是枉道以求居高位，這確是可恥的。第二，孟子認爲：「仁義忠信，樂善不倦，此天爵也。公卿大夫，此人爵也。古之人，修其天爵，而人爵從之；今之人，修其天爵，以要人爵；既得人爵，而棄其天爵，則惑之甚者也，終亦必亡而已矣。」（見附錄44）這種人，是因爲「人人有貴於己者，弗思耳。人之所貴者，非良貴也。趙孟之所貴，趙孟能賤之。」（見同上。愚按專制時代的人爵，確一文不值，然而大多數讀書人，卻趨之若鶩。此亦中華民族，至今而仍然沒有出息的最主要原因。）一般人看不透「趙孟之所貴，趙孟能賤之」，并因而「棄其天爵」，這確是值得婉惜的。然而要真能打破這種難關，亦確是不易的。第三，一般人因迷戀人爵，所以不知履霜堅冰至；而終至陷於憂辱者，比比皆是。下焉者更利用權勢而爲非作惡，以致身敗名裂。此皆是未能記取孔孟之教訓而自作自受。孟子曰：「孔子爲魯司寇，不用；從而祭，燔肉不至，不稅冕而行；不知者以爲爲肉也，其知者以爲爲無禮也；乃孔子則欲以微罪行，不欲爲苟去。君子之所爲，眾人固不識也。」（見附錄50）我深深的感到，凡君子之所爲，皆眾人不能識的。一個人要能修其天爵，一定要有「人不知而不慍」的胸襟，也一定要「有所不爲」的氣概。否則，要做一個君子，確是一件苦事。但是，若這個社會的君子人能漸漸的增多，則這個社會自然會漸漸的進步而表現爲一種欣欣向榮的祥和的氣象。吾人立身行事，固不應貪污枉法以害人，亦不宜放言高論而譁眾取寵。吾人必須不失其所守，才能無害於社會；亦必須不失其所守，才可以改造社會。吾人讀孔孟之書，深覺這是立身行事的最基本的原則。第四，吾人仍須作進一步陳述者，即孟子是鼓勵人人都能作大人。所謂大人，并非巍巍然之達官巨富，而是「不失其赤子之心者」，而是「非禮之禮，非義之義」弗爲者，而是「言不必信，行不必果，惟義所在者」（見離婁下）；而是能貴其「有貴於己者」，不貴其「人之所貴者」，而是能養其浩然之氣，不動其心者，而是能「居仁由義」者。因此，孟子所謂之大人，即是富貴不能淫，貧賤不能移，威武不能屈之大丈夫。孟子曰：「養其大者爲大人，養其小者爲小人。」（見告子上）所以孟子所謂之大人與小人，乃是指其所有以自養者而言，不是指人爲的地位之高下而言。此足證孟子所謂之大人與小人，并不是封建社會的階級意識。孟子曾向滕文公曰：「成覸謂齊景公曰，彼丈夫也，我丈夫也，吾何畏彼哉？顏淵曰，舜何人也，予何人也，有爲者亦若是。公明儀曰，文王我師也，周公豈欺我哉？」（見滕文公上）孟子的此種氣概，後來祇有王陽明體會得較真。孟子除了認爲齊宣王尚還不失爲可造之材外，他根本上就瞧不起梁襄王。可以說，在孟子的心目中，是祇有好人與壞人之分，而決不重視人爲的地位之高下。像漢以後的儒者，那種對專制帝王之奴才相，孟子是絕對沒有的。我們認爲，孔子與孟子，確都有民主的思想，亦都能尊重他人與自己的人格。人必須有「視棄天下，猶棄敝蹝」之胸襟，才真能瞭解孔子與孟子之志趣，亦才真能瞭解孔孟是如何的立身行事。公都子問曰：「鈞是人也，或爲大人，或爲小人，何也？」孟子曰：「從其大體爲大人，從其小體爲小人。」曰：「鈞是人也。或從其大體，或從其小體，何也。」曰：「耳目之官不思，而蔽於物。物交物，則引之而已矣。心之官則思，思則得之，不思則不得也。此天之所與我者。先立乎其大者，則其小者不能奪也。此爲大人而已矣。」（告子上）朱子四書集註，爲註釋孟子此所說的，曾引范浚之心箴曰：「茫茫堪輿，俯仰無垠。人於其間，眇然有身。是身之微，太倉稊米。參爲三才，曰惟心耳。往古來今，孰無此心。心爲形役，乃獸乃禽。惟口耳目，手足動靜。投閒抵隙，爲厥心病。一心之微，眾欲攻之。其與存者，嗚呼幾希。君子存誠，克念克敬。天君泰然，百體從令。」照范氏此說，則知心爲形役者是小人，形從心令者乃大人。明白的說來，是祇有識得此心之仁而養之熟，才真的不愧爲大人。在前面我們曾陳述孟子的實踐仁之方法，乃是說明了孟子是如何的識得此心之仁而養之熟。在本節我們所陳述的，則是孟子本於此心之仁而實踐在立身行事方面。因此吾人立身行事，欲能不失其所守，是祇有識得此心之仁而養之熟的以實踐在人常日用之間。

十五、孟子仁學正解

總結以上所述：第一，孟子所講之仁，確是在於發揮孔子所講之仁的真義。而且是將之實踐在人常日用各方面。而且，孟子所講之仁，亦完全是本於他自己的實踐仁的經驗之談。有些學禪者，也照孟子所講的勿忘勿助而做他們的參禪的工夫。我曾和一位參禪學道幾五十年的老先生談及：孟子七篇中多有孟子的實踐仁的經驗之談，而且沒有半句假話。這位老先生很同意我的說法。同時，我也曾談及：佛經中多有設譬以明習靜的方法及其所做之工夫的深淺，然其所設的譬喻，雖於義不差，若從實際的觀點說，則全是誑語，所謂「依經解義，三世佛冤，離經一字，便是叛道」。這說法是很有意思的。可是，學佛者，都祇相信佛經內的誑語，如認為菩薩，羅漢等等，皆實有其事。嚴格的說來，學佛者而不能清除心中的此等迷霧，何能直指本性，而識得此心之本來面目。孟子是沒有打半句誑語，亦沒有引人向迷路上走的。這位老先生說，佛家若不使用此等方便法門，是沒有人肯信佛的。孟子所講的實踐仁之方法，也可以說是向上根之人說法。所以，能照著孔孟所說的而真去身體力行的人卻并不太多。這也就是說，我們要真懂得孔孟仁學，是應該有親身體驗的工夫的，或者，我們亦必須懂得儒家的形而上的體系，亦即所謂道的體系，我們才真能懂得孔孟所謂之仁。因此，在上篇中，我們是從「道」的觀點而闡明了孔子所謂之仁，在本篇中，則完全從孟子的親身體認仁之經驗，以及其本於仁而應用在人常日用各方面的言論與行事，以陳述孟子所謂之仁之內容究竟是什麼？我們亦不妨親自體味一下：假如此心真是光明而毫無私念，則此心究竟是一個什麼樣的光景？於是，若用之於事親方面，或立身行事方面，或治國齊家方面，或一切其他方面，而與孟子所立之規範或準則，是否有抵觸？同時，我們若真能體味出孟子所謂的浩然之氣是一種什麼光景，而我們的人生態度又將是什麼？我們要知道，孟子所謂的浩然之氣，乃是此心之仁的一種氣象。譬如飲水，冷暖自知。此必須身造其境；而非全憑臆測所能知的。祇要我們真能知道孟子所謂的浩然之氣是什麼，則我們便知孟子所有的言論與行事，皆是他的浩然之氣的運行或流露。

第二，孟子是以仁義并稱的。孟子之所以以仁義并稱，乃因當時之學者，多「執一」而賊道。我們要知道，當一般人對於「仁」有岐義時，若知仁而不知義，知義而不知禮，都是「不可行」的。關於孟子之所以以仁義并稱，在本篇中已有極為詳盡的辨說。至於孔子為什麼祇講仁而不言義？我們認爲，孔子之言仁，是謂吾人立身行事，若真能知仁而「以禮節之」，則其所爲所守必皆可以「不違仁」。亦或者，孔子之時，學風淳正，棄仁絕義之說，爲己兼愛之論，尚乏人提倡，性善之說，亦無人懷疑，所以祇須言仁，而不必裁之以義。亦或者，孔子之時，社會秩序尚未崩潰，祇須依禮行之而又不違此心之仁，則對於仁便不致發生歧義。至孟子之時，社會秩序崩壞，周禮已無有猶秉之者。同時，儒家本身已分成爲許多派別，而且，楊墨之學說盛爲倡行，對於孔子所謂之仁，可以說是「多得一察焉以自好」。此所以孟子必須裁之以義，俾此仁道之全，不致因「執一」者之所賊，而闇於不彰。再者，孟子之所以以仁義并稱，乃是爲了便於在政治方面的實踐，這是在本篇中已詳爲辨說的。惟仍須指陳者，即孟子所謂之義，乃是指「利物」之理而言。「利物」固足以「和義」，若不得其理，則既不能亨通，亦不能貞固，於是亦當然不能「體仁」。本篇以上各節，凡引述孟子所講的治國之道，以及立身持世，事親敬長之行事與言論等等，可以說，都是本於親親之仁而闡明「利物」之理。此所謂「利物」之理，亦即是仁之理。孟子特別著重愛有差等，乃因爲仁之理，即存於愛之等差之中，所以此愛之等差即是義。廣而言之，所謂「急親賢」及「急先務」等等亦即是義。義者，仁之表現而得其宜，亦猶音樂之發而皆中節。吾人立身處世，不悖於義則合理，依理而行之則當於禮。得其理而以語言說出或以文字符號寫出，若屬於道德方面的，即是道德哲學，若屬於政治方面的，即是政治哲學，若窮本溯源而論究此理之全者，即是哲學，或至少亦是我們所謂之哲學。我們即是本於我們的哲學而論述孔孟之仁學。

第三，因爲孟子是以仁義并稱的，所以孟子特別著重視愛之差等，而與馬克斯的共產主義絕不相容，這在本篇中已有較爲詳盡的辨說。惟仍須指陳者，即孟子所謂之義，其基本精神，乃孔子所謂之禮之恒常不變者。蓋禮有因革損益，而義則如日月之經天，永無變易。所以，義之內容，雖會因時代之進步而日益豐富，然於大義本身，并無虧損，而祇是增益其光輝而已。至於此祇是指人事之儀則而言之禮，則必因時代之不同而應有變易。這就是說，孟子所謂之義，決不會違背孔子所謂之仁，而祇是闡明此仁之則，俾仁之表現而得其宜。因此，我們決不能說，孔子祇講仁便是合於共產主義，孟子因以仁義并稱，才致於不能與共產主義相容。吾人讀孔子之書，究孔子之所論仁，其中絕無與共產主義相通者。若孔子果真贊成共產主義，則孔子必不講孝弟之義，亦無須講忠恕之道了。有人以孔子所說的：「丘也聞有國家者，不患寡而患不均，不患貧而患不安，蓋均無貧，和無寡，安無傾。」（見季氏第十六）而證明孔子是贊成共產主義。殊不知孔子此所謂之均，是指有國家者，應將財富均之於人民，而不應專事聚斂，所以孔子此所謂之均，不是指的均人民之財產，而是指人民要能均國家之財產。否則，「均無貧」之說，即於理不通，同時，孔子亦不致斥冉求爲聚斂之臣了。吾人仍須進一步指出者，即人民均國家之財產，并不等於國家均人民之財產。因爲若祇均人民之財產，則國家之財產可以不均之於人民，此正是今日共產主義所實行的。若人民均國家之財產，則便能達成民有、民治、民享之目的，此正是孫中山先生所理想的。吾人讀古人之書，必須深曉其義，若祇斷章取義，是真會害死天下人的。此所以我們在論述孟子的仁義之政時，特別點出孟子之所以反對「利國」，而其目的則在於「利民」。是則孔子所謂之「均」，亦即孟子所謂之仁義或仁政，我們特名之爲「利民之政」。

第四，我們在前面已指出，孟子所謂的「浩然之氣」，乃是此心之仁的一種氣象。就此仁體之全而言，它祇是光明無愧的，因其是光明無愧的，所以它可有一種浩然之氣的氣象，亦即是它可有一種「大雄」或大無畏的精神。此即是人性之真正光輝，亦即是人心之本來面目。因此，人之本性決不是潛在之意識。潛意識祇是習染之污而爲社會風尚所不容，而不得不變爲一種類似間諜活動的地下活動。人心之良知，被此後天習染之污以侔造化之功而將其障蔽時，雖亦是隱而不顯，然祇是浮雲蔽日而已。所以人之本心與潛意識是絕不相同的。心理學家因其皆爲最底層之心理活動，如是對於此二者未能加以區別。實際上，若「反身而誠」之工夫做得不純熟，欲對於人之本心與由習染之污所形成之意識（亦可名之為習心）或潛意識加以區別，確是很難的。佛教之心宗一派，可以說其惟一的而又是全部的工夫，即在於滅盡此後天所習得者以顯現人之本心。我們認爲，後天所習得者，亦有的是本心流行之結果。孔孟所謂之親親之仁以及敬禮忠恕等事（按敬與恕乃義之實，禮即義之行，若究極言之，亦皆仁之實也），即皆是本心之流行而顯現在人常日用方面。因此，從儒家的學說而區別人之本心與潛意識亦并不是很難的（此可詳參導論）。吾人若能識得潛意識與人之本心之區別，則知恐懼之情緒，祇是潛意識在作祟而已，而人之本心，則是有一種大無畏之氣象而無有恐懼。從純心理學的觀點來說，潛意識是頑梗難化的，欲化解潛意識，仍須靠「反身而誠」的工夫。弗洛伊特（Sigmund Freud）似乎即是令人「反身而誠」的以爲人醫治精神病。假如我所理解的不錯，則現代的心理學亦有助於吾人之本心之認識，不過，現代的心理學家未有作此種嘗試而已。照這樣說來，吾人欲真能排除恐懼的情緒而過著無恐懼的生活，是祇有識得人之本心之仁而有一種浩然之氣的氣象後，才真會有一種大無畏精神的。羅素對於此點并非全無所識，此可以從「世界之新布望」以及羅素的其他著作中可以看出來。然因爲他不著重於做反身而誠的工夫，而祇是跟著心理分析學家的腳後跟做些心理的分析工作，雖然也有時會從滿天烏雲的空隙中露出照澈萬物的陽光，但畢竟是極其微弱的。我常常這樣的想：假如用現代心理分析學家的方法以幫助儒家的修心養性的工夫，或許吾人對於人性之本原是容易識得的，若誠能如此，則幸福世界或大同社會之實現，那就要容易得多了。

第五，我還想順便的指出中西文化之精神之所以有不同。照本篇以及上篇所已陳述的看來，孔孟是認爲仁乃人心之所同然者，所以人性是至善的。此與「原罪」之說是決不相容的。「原罪」之說在本質上即是荀子的「性惡論」。宗教家既認爲人性是惡的，所以，人若欲爲善，便祇有依賴至善之上帝的力量。這即是說，上帝是離我們而又無所不在的他在。但在儒家看來，人之本性即是至善的。人若欲爲善，祇須復其本原之初便可。所以儒家并不承認有離我們而又無所不在的可名之爲上帝的他在。易乾卦彖辭曰：「大哉乾元，萬物資始，乃統天。」則知儒家是用乾元以統天的。用乾元以統天，亦即是用乾元以統上帝。至於什麼是乾元呢？簡言之，即乾之元。周易乾卦，是謂天地萬物，皆有此乾之性，而元則就是善之長。這無異是說，此天地萬物皆有此善之長。性善說大概是本於此，而「有物有則」之說，祇能說是一種事後的理由或理性化的作用。至於宋儒所謂之體用一原（詳見導論），則是非常正確的闡明了乾元統天之旨的。我認爲，此宇宙萬物之構成，即是此本體之理與氣，而一理貫通，一氣貫串的結果。所以儒家是不贊成上帝造世界之說。若認爲此世界即是上帝自身之顯現，則儒家便可以贊成。西方文化，受宗教的影響至大，中國文化，受孔孟的影響至深，所以中西文化的精神，確有其不相同之處，而其基本的不同，可能祇在於此。（至於我們中國文化之所以無進展，乃自漢以來之帝王，陽尊儒而陰實卑視之。又因一般奴儒為迎合帝王之此種心理而希求一官半職，以致儒家之真精神遭受桎梏而不能有所發揚。此我們在本書中，對於漢學家之錯誤，之所以作毫不客氣的批評。）

因此，我們當可以說，西方文化大抵以性惡論爲基礎（此并不是說，西方學者無有主張性善論者）。因其如此，所以心理學家認爲潛意識乃人之本性之一部份，其勢力乃是無可抵禦的。又因科學之日益發達，一般人對於上帝之信心亦日益動搖，於是，亦失去了可資信仰之依據。我們認爲，對於上帝之虔誠的信仰，亦是可以化解潛意識而顯現出一種正當之情緒的。現代西方人士，既已失去了可資信仰之依據，而又生逢今日的時代，宜其惶惶不可終日，而爲恐懼的情緒所控制，而不知所以自救之道。照這樣說來，吾人欲真能自救，是祇有使人之本性透露出來而主宰人之情緒，欲真能透露人之本性，是祇有認識人自己確是偉大的。關於人自己確是偉大之認識方法，孟子曾提供了於下之程序。孟子曰：「可欲之謂善，有諸己之謂信，充實之謂美，充實而有光輝之謂大，大而化之之謂聖，聖而不可知之之謂神。」（見盡心下）照孟子此說，則知神即是吾人之最高精神。此非汎神論，蓋精神本是一。吾人欲能認識此最高之精神，可從可欲而不可惡之善實實在在的做起。例如從事親敬長等事，實實在在的做起。待做到自己真能有好善之實，這便是信。充實此信則美便存於吾人之胸中，而可有喜怒哀樂皆能發而中節之情緒。充實此種情緒，亦即是力行其善而發於事業，這就是偉大。偉大而至于純熟之境就是聖人。聖人能從心所欲不踰矩，這就是最高精神之永遠獲得，亦就是此心之仁能永不相違。一個人，祇要肯做「反身而誠」的工夫，且又能真的力行其善，此美與大便可以獲得。惟純熟的工夫確是很難的。不過，吾人欲能免於恐懼而過無憂無惑的生活，這是惟一的正當的方法。若缺乏此種氣魄與毅力，則不妨信仰上帝，但是，要瞭解：我現在雖有罪，我本來則是無罪。我之所以信仰上帝，祇是求上帝之幫助而恢復我之本原之初而已。照這樣說來，中西文化，在精神上仍是可以相通的。在前面我們曾說孟子所講的仁義，確可以醫治現代西方文明之病，如此，當可見我們所說的，決非是誇大之辭。

第六，我們本於孔孟仁學，而論述了孔孟所謂之仁的正確的內容，同時也釐清了漢學家之謬誤。此決非門戶之見。若以爲這祇是自宋明以來的漢宋之爭的繼續，則此所認爲的，乃是太不懂得反省者的說法。吾人生當茲世，若仍不能切切實實的自我反省，而且，在學術上，若仍自好其所得之一察，而故作浮誇之言，則不僅孔孟之學不明，且於世事亦必毫無補益，下焉者，將更助長亂勢，而貽禍於天下後世。本書所說者，固未必全無差誤，然自信在大體上，是決不失孔孟仁學之原旨，而是爲孔孟仁學作正解。

附註：凡括弧中之達按，皆再版時所增。以上與第一版原文，僅略有增刪。

丁、申論：孔孟仁學是開萬世太平之學

一、仁究竟是什麼

孔孟所講之之「仁」究竟是什麼？現在可以作極為完滿的解答了。照我們在以上各篇所已論述者。則知：仁即人之本心，亦即道心之已發；且是道心之全體大用，表現在人我之間，即所謂「相人偶」者；更推及於全社會，而實現儒家之仁政，以「善吾生」并善人之生。仁必是人之慈悲之心而兼具理性精神。仁即佛家所謂之「無緣慈」。宋仔反對無緣慈，此是宋仔不真知仁。不過，孔孟所講之仁，亦有與無緣慈不盡相同者；因為佛家祇重視慈而反對講義理，亦即祇重視仁心而反對分別心。儒家則認為，仁心自有天則，雖不假安排佈置，而大義昭然。我們認為，必須至「從心所欲不踰矩」的境地，才真能知仁。仁者必是大慈大悲而兼具理性精神之覺者。我總覺得康德確有極高深之造詣。他在「實踐理性批判」中，講自由與必然之統一。自由即「從心所欲」，必然即「不踰矩」。康德有此體認，若又能具足大慈大悲精神，即我們所謂之仁者。由此亦可證，對於人之理性，能如康德那樣的作真誠的體認，必會見到此心之仁，亦即康德在「道德形上學」中所謂之「無待令式」。

王陽明所謂之良知，亦大抵類此。由此也足證，仁確是一種境界。這是人人都可證得的。康德即是一個很好的例證。從這個例證，使我們更進一步的認識了孔孟所謂之仁究竟是什麼？

二、仁之究極的境界

我們既已認識了孔孟所謂之「仁」究竟是什麼？現在乃可進而說明「仁之造其極的境界」，亦即道之究極的境界。這就是說，除此以外，別無其他最高的境界。假如「道」是泰山，其最高之處，必有仁存焉；而且，除仁以外，別無所有。佛家說這個境界是「寂而常照」，是息念忘塵之後的一存在。試問：在這「寂照」的境界，除寂照以外，還能容許其他嗎？但是，仁或大慈大悲是應該被容許的。仁是中，是生命之根，是道心之全體大用。人之成道，即是成就此全體大用。請問：佛家成佛，究竟是成就什麼？一般佛子必答：佛是覺者。那麼，究竟覺個什麼呢？禪宗說：向上一路，密不通風。這「密不通風」者又是什麼呢？請問：除了是息念忘塵，「靈知之性歷歷」以外，還有什麼？王龍溪語錄有於下之與天台陸子的一段對話：

陸子曰，宋之儒者，莫過於濂溪明道，只在人天之間，亦未出得三界。欲界為初禪，色界為二禪，無色界為三禪，雖至非非想天，尚住無色界內，四禪始為無欲，阿羅漢始出三界，天人不足言也。先生曰，此是非難非易，三界亦是假名，總為一念。心忘念慮，即超欲界；心忘境緣，即超色界；心不著空，即超無色界。出此即為佛乘，本覺妙明，無俟於持而後得也。先師謂吾儒與佛學不同，只毫髮間，不可相混。子亦謂儒佛之學不同，不可相混。其言相似，其旨則別。蓋師門為重在儒，子意為重在佛。儒佛如太虛，太虛中豈容說輕說重，自生分別？（語錄卷六）

這一段問答，可以說是儒佛之辯，極爲深入而重要的問答。佛教界人士，總認爲儒學不及佛學高深。殊不知，「三界亦是假名，總爲一念。」現經龍溪道破，則知「十地」、「三關」之說，全皆是假名；因爲「本覺妙明」「如太虛，太虛中豈容說輕說重，自生分別？」嚴格的說來，所謂高下深淺，乃工夫純熟與否所立之假名，以考較其程度而已。這可以說，祇是成色或純度的問題。例如百分之百的黃金，與百分之九十的黃金，其價格的差距就非常之大。純度與價值有關，工夫深淺與證道之程度當然有關。當實踐仁而至於「究極的境界」時，那是工夫純熟了。孟子曰：「五穀者，種之美者也；苟爲不熟，不如荑稗。夫仁亦在乎熟之而已。」（下孟告子上）談到「熟」，確有成色或程度的問題。因此，所謂欲界、色界、無色界等等，皆是工夫之深淺或純度等所立之假名而已。所謂「於一毫端現諸佛刹」，亦是唯心所現，亦是修證過程中所立之一種境界。若究極言之，此「本覺妙明」，祇是寂而常照而已，祇是如周易繫辭所謂：「易无思也，无爲也，寂然不動，感而遂通天下之故」而已。楞嚴經亦謂，上見恒河沙數諸佛，是善境界；若作聖解，即墮阿鼻地獄。可見王龍溪「總爲一念」之說，確可破除一切迷霧；也足證此寂而常照之「本覺妙明」所達到之淨、正、覺，除具足大慈大悲外，實別無其他。這就是仁之究極的境界。茲特舉一例，以說明仁者所能達到的境界。孟子萬章上有：「萬章曰，父母使舜完廩（修理房屋），捐階（把樓梯拿掉）瞽瞍焚廩（放火燒屋，欲置舜於死地），使浚井（未能燒死，又使之疏浚水井），出，從而揜之（舜深入井中後，下土實井）。象曰，謨蓋都君，咸我績。牛羊父母，倉廩父母。干戈朕、琴朕、弤朕、二嫂使治朕棲。象往入舜宮（象以為舜必死無疑，乃前往接收），舜在牀琴。象曰，鬱陶、思君爾！忸怩！舜曰，惟茲臣庶，汝其于予治。不識舜不知象之將殺已與？曰，奚而不知也。象憂亦憂，象喜亦喜。」這一段故事是說明了什麼呢？孟子曾有答案，其結論是說：「仁人之於弟也，不藏怒焉，不宿怨焉。」一個人的弟弟要殺他，他毫無怨怒之心，這表示他已全無嗔心。當一個人的嗔毒完全除盡時，其餘貪痴二毒也已必乾淨，平等性智必然現起。凡具足平等性智者即是大慈大悲之覺者。儒家的聖人，其所達到的境界，「即爲佛乘」，「無俟於持而後得」，這確是當下現成的。再者，當「生無所住心」時，必是有無同一，而空間已失，時間已停，有一種古往今來聖賢仙佛與我同在之感覺。在這個時候，無有懼怕，浩然之氣油然而生，人之全副力量及生命力現起。這就是本來面目或喜怒哀樂之未發。這是至誠無二，也就是一。這個一，就是中，就是仁，就是無或無差別，也就是本體之本性。請問：當你達到無差別時，還有「三關」「十地」嗎？由此更可證，此寂而常照之「本覺妙明」（即成佛之真面目），實祇是「總爲一念」；若此念既仁且純，我們能說這不是「本覺妙明」嗎？因此，我們說，仁之究極的境界，實即道之究極的境界，是可以從究竟的觀點，獲得毫無疑義的解答。古人似未曾作如此切近之探討。

三、仁學與大學之道

有友人質疑曰：「你所說的仁之究極的境界，無異是說，孔子所講的仁就是孔子所講的『性與天道』；孔子之仁學，就是孔子之性與天道實踐在人常日用之間之學。你所說的，雖很透澈而使人無可置疑，卻未必是孔孟之原意。」我很謝謝友人有此質疑。在此須稍加說明者：上文我們講孔子仁學時，曾特別指明，仁是可以「通乎上下」的。我們說漢學家不識仁，這是漢學家不知仁必須澈上澈下才真能識得。再者，我們講孟子仁學時，認定孟子所講之仁，確是本於孔子所講之仁而加以發揮。因爲孔子所講之仁，如我們在上篇中所指陳者，乃是此光明無愧之心表現在人常日用方面之各種作爲；而此光明無愧之心，實即此心之本來面目。孟子以仁義爲人之本性，并認定「仁義禮智，非由外鑠我也，我固有之也」，這是非常確定的說明了，仁是人之本心，亦即此光明無愧之心所表現在人常日用間者，不是從外面得來的，這當然是本於孔子所講者加以發揮而無疑。我們更認爲，中庸一書，是講孔子之性與天道。子貢曰：「夫子之文章，可得而聞也；夫子之言性與天道，不可得而聞也。」（論語公冶長）性與天道，在論語中，不及在中庸中那樣講得很明白。中庸講中，講喜怒哀樂之未發。未發即是人之本性，已發而無任何虧欠即是仁，所以中庸也是講孔子所講之仁；仁，實即天道。孟子似是本於中庸而發揮孔子的仁學。孟子曰：「予未得爲孔子徒也，予私淑諸人也。」（中孟離婁下）孟子是先「私淑諸人」而後傳承孔子之學，則絕無可疑。再者，大學一書所講的「大學之道」，實是在講仁德或仁道。我們認爲，古之大學（大讀作泰），必有其教學之內容；而

「大學之道」，則是其教育之宗旨或目的。吾人對於古大學之教學內容，可以從周禮與禮記而識其大要。周禮「大司徒之職掌」有曰：

以卿三物教萬民而賓興之。一曰六德：知仁聖義忠和；二曰六行：孝友睦婣任恤；三曰六藝：禮樂射御書數。（詳見周禮注疏卷十）

又曰：

師氏掌以媺（音美）詔王。以三德教國子。一曰至德，以為道本；二曰敏德，以為行本；三曰孝德，以知逆惡。教三行：一曰孝行，以親父母；二曰友行，以尊賢良；三曰順行，以事師長。（周禮卷十四）

僅就以上兩則，已可概見周禮之教育內容。又禮記「經解第廿六」有曰：

孔子曰，入其國，其教可知也。溫柔敦厚，詩教也；疏通知遠，書教也；廣博易良，樂教也；絜靜精微，易教也，恭儉莊敬，禮教也；屬辭比事，春秋教也。故詩之失愚；書之失誣；樂之失奢；易之失賊；禮之失煩；春秋之失亂。其為人也，溫柔敦厚而不愚，則深於詩者也。疏通知遠而不誣，則深於書者也。廣博易良而不奢，則深於樂者

> 也。絜靜精微而不賊，則深於易者也。恭儉莊敬而不煩，則深於禮者也。屬辭比事而不亂，則深於春秋者也。

照這所說，在孔子之時，六經已是教育的主要內容。我們再綜合周禮所說各點，當知古之大學的教學內容，是以德，行與六藝爲主；而大學教育之宗旨與目的，亦即所謂大學之道究竟是什麼呢？孟子曰：「吾爲此懼，閑先聖之道。」（上孟滕文公下）在孟子時，此「先聖之道」，似乎仍是許多人的共識，因受到楊墨之道的衝擊，孟子乃起而保衛（達按：閑，衛也）。此「先聖之道」，當然就是堯舜禹湯文武周公孔子之道，也當然就是「大學之道」。大學開宗明義便說：「大學之道，在明明德，在親民，在止於至善。」這所謂「三綱領」，實本於尚書堯典「克明俊德，以親九族，九族既睦，平章百姓，百姓昭明，協和萬邦，黎民於變時雍」，而如是云云。由此可見，大學之道，確是傳承堯舜禹湯文武周公等先聖之仁政或仁道而無疑。於是，孔子之仁學，亦必不外於古之大學所傳承的「先聖之道」而無疑。程朱將禮記中之大學中庸兩篇獨立出來，與論語孟子合稱爲四書，對於儒學之發揚，實大有裨益。可惜朱子未能「先立乎其大者」（下孟告子），祇是在「居處恭，執事敬」或「言必信，行必果」等方面用工夫，祇是做些「支離事業」，未能將儒家之仁學發揚光大。大家所熟知的朱陸異同之爭，在骨子裡很可能是朱子未敢宏揚先聖之仁政仁道，而祇是著重個人之修養，終於祇能做到「硜硜然，小人哉」（下論子路），以致爲象山所不肯。這很可能是時勢使然。在專制帝王時代，知識份子，爲苟全性命，祇好學道家的「遠害尊生」，做「乖乖牌」罷了。現再談大學是如何的學以致仁。這當然要談大學的格致之學。照朱子之說，「格物致知之義，而今亡矣」。根據我曾有一面之緣的湖北先賢嚴立三先生多年研究，古本大學，雖有錯簡，實無缺文（詳見台北正中書局出版之「嚴立三先生遺稿彙編」）。先談錯簡，古本自「大學之道，在明明德」起，至「其所厚者薄，而其所薄者厚，未之有也」這一大段止，共二百零五字，沒有錯誤。古本自第二百零六字起，是接「此謂知本，此謂知之至也。所謂誠其意者」起至「富潤屋，德潤身，心廣體胖，故君子必誠其意」止，這一段共一百廿八字。若將這一段，移置在古本「詩云：瞻彼淇澳，菉竹猗猗」起至「無情者不得盡其辭，大畏民志，此謂知本」止，共二百九十九字這一大段之後；於是，這兩段相連接的文字，是「詩云，瞻彼淇澳……必也使無訟乎？無情者，不得盡其辭，大畏民志，此謂知本，」「此謂知本，此謂知之至也，所謂誠其意者，……故君子必誠其意」，下接「所謂修身」，自此以下，已無錯誤。讀者可依這所說的，將大學古本加以改正，即知立三先生此一訂正，確實很好。有人認爲，將兩個「此謂知本」連接在一起，似乎不妥。其實，程伊川的大學改定本，即是將兩個「此謂知本」連接在一起。古人爲了加重語氣，用重言之來表示是有例可援的，例如孔子曾說：「天厭之，天厭之」（論語雍也），「噫！天喪予，天喪予」（先進），即是明證。所以，經立三先生改訂後之大學，自四九七字起：「大畏民志，此謂知本，此謂知本，此謂知之至也」至五百十五字止，這十八個字，其中兩「此謂知本」，是加重語氣，以說明什麼是「知之至」，實無不妥。而且，「無情者不得盡其辭」，這當然是知之真。晉文公出亡十九年後，是「人之情僞盡知之矣」，所以能霸諸侯。至於「大畏民志」，這是表示真能順應民意而親民。吾人讀大學古本或如上文所作之改訂後的改訂本，從「詩云，瞻彼淇澳」讀起，讀到「大畏民志，此讀知本」止，共二百九十九字之中，淇澳之詩，是講「道盛德至善，民之不能忘」；烈文之詩，是講不忘前王而「沒世不忘」，這是在講，應如何才能明明德，應如何才能親民。再談到明德，是「皆自明也」；再談到親民，是應該「無所不用其極」的以求新而親民。一個政府，若是老化、僵化，或甚至腐化，必會擾民、苦民，而決不能親民。台灣政治，近年來受金權與黑道侵入，甚至發生黑道治鄉之惡例，這就是台灣在政治上未能革新的結果。可見以求新而親民，并自明明德，這可以說是大學之道在政治上之知止，若更能知之無不真，必真能順應民意而親民。這就是平治天下的知本的工作，這可以還是「知之至也」。朱晦翁說：「格物致知之義，而今亡矣。」以上所述，已足證「致知」之義未亡。再說到「格物」。朱子對格物致知之註釋是曰：

> 致，推極也；知猶識也；推極吾之知識，欲其所知無不盡也。格，至也；物猶事也，窮至事物之理，欲其極處無不到也。

其補傳又曰：

> 所謂致知在格物者，言欲致吾之知，在即物而窮其理也。……必使學者，即凡天下之物，莫不因其已知之理而益窮之。……

朱子此說：第一，所謂即物窮理，這是要就外在的事物而窮其義理，這當然是義外之說。朱子說象山是告子，其實他自己是告子；第二，所謂「即凡天下之物，莫不因其已知之理而益窮之」，這是要窮究所有天下事物之理，這是不可能的。孟子曰：「知者無不知也，當務之爲急，……堯舜之知而不偏物，急先務也。……」（下孟子盡心上）朱子要對於「即凡天下之物」「而益窮之」，這確是不知「當務之爲急」。第三，朱子「欲其所知無不盡」，「欲其極處無不到」，這實是空話；而且，大學之道，亦祇是在於「知止」與「知本」而已，何須「無不盡」與「無不到」呢？總之，朱子所講格致之義，可謂一無是處。那麼，格物致知，究應作何解釋呢？依據古籍，與格字有關者，如：「格如上下」，「格於皇天」，「神之格思」，「格其非心」，「七旬有苗來格」等等，不一而足。據此，則格字，實有至、來、正、變革、感通等義；而且，所謂「格於上下」或「神之格思」等等，其正確的意義，是謂人神之交接，應是能夠上下來去於其間，所以格字最切近之意義，宜釋之爲通達或感通。同時，如至、來、正、變革諸義，亦都是通達或感通之引伸或轉訓。因此，我們說，格物者，感物而通之也。認知方面的通，必以感爲必需條件，這是無之必不然的。這感物而通之，也就是通物。通物即通曉事物。這通曉、通達或感通，終必至於貫通。朱子所謂「而一旦豁然貫通焉」，貫通可以說是通之至極。戴東原對於堯典「光被四表，格於上下」，曾釋之曰：「貫通所至曰格」；因爲格有木高貌之義，象徵神是由高而降，所以是直通於上下，這當然可名之爲貫通。於是，我們說，格物既是感物而通之；那麼，格物致知，當可以說，即是通曉或貫通其所感之物以致知（致知即至知或知之至）。照這樣說來，古之大學，必是通曉，通達或貫通其所學之事物以至知。至於在大學所需貫通者，必是德、行與六藝等事物，以及三綱領與誠正修齊治平等大學之道，而決不是「即凡天下之物」「而益窮之」。這就是說，大學之格致，是貫通其所學之事物以至知。當知之至也，必能意誠而心正；因爲大學所學之德、行與六藝，若果能貫通無疑，則必能發現本心，顯露仁心，而意誠心正的以實踐先聖之仁道。孔子之仁學，確不外於古之大學之道。至於孟子之仁學，實很可能是透過大學中庸，以私淑孔子，而發揮孔子的仁學。

四、仁學與仁政

以上是就內聖方面，以說明孔孟仁學實不外於古之大學之道，現再就外王方面作進一步的說明。

首先談外王或王（讀去聲）天下之意義。誠然，這外王之王，自認爲是治理天下之天子，也可說是一專制帝王或君主。不過，若真能照著儒家「王天下」的理想來實踐，則這樣的帝王，實不會危害世界的和平。中庸曰：

> 王天下有三重焉，其寡過矣乎！上焉者，雖善無徵，無徵不信，不信民弗從；下焉者，雖善不尊，不尊不信，不信民弗從。故君子之道，本諸身，徵諸庶民，考諸三王而不繆，建諸天地而不悖，質諸鬼神而無疑，百世以俟聖人而不惑。質諸鬼神而無疑，知

天下也；百世以俟聖人而不惑，知人也。是故君子動而世為天下道，行而世為天下法，言而世為天下則，遠之則有望，近之則不厭。詩曰，在彼無惡，在此無射，庶幾夙夜，以永終譽，君子未有不如此，而蚤有譽於天下者也。（中庸第廿九章）

又曰：

凡為天下國家有九經，曰，修身也，尊賢也，親親也，敬大臣也，體羣臣也，子庶民也，來百工也，柔遠人也，懷諸侯也。……齊明盛服，非禮不動，所以修身也；去讒遠色，賤貨而貴德，所以勸賢也；尊其位，重其祿，同其好惡，所以勸親親也；官盛任使，所以勸大臣也；忠信重祿，所以勸士也；時使薄斂，所以勸百姓也；日省月試，既稟稱事，所以勸百工也；送往迎來，嘉善而矜不能，所以柔遠人也；繼絕世，舉廢國，治亂持危，朝聘以時，厚往而薄來，所以懷諸侯也。（中庸第廿章）

照這所說，就其對於國際事務處理的原則而言，反對兼併，反對以大凌小，雖然缺乏如今日聯合國憲章這樣完備的規章，但其基本精神，如周初以及如管仲所作的，較之今日並不遜色。這就是說，儒家所主張的對於國際事物處理的原則，實是本於「協和萬邦」的仁政，其理想確極爲偉大。惜乎缺乏現代民主法治的理念，其理想始終未能實現。就其所著重的治國理念而言，自然以實現堯舜之仁政爲主。道家對於儒家的此種理想很爲鄙視。道家一方面鄙視儒家爲現實政治熱心努力的行爲，如論語微子篇所載楚狂接輿，長沮桀溺，以及子路所遇之丈人，都非常瞧不起孔子，甚至認定孔子是「天刑之，安可解。」（莊子德充符）另一方面，道家也瞧不起堯舜之仁政。莊子逍遙遊篇有曰：「堯讓天下於許由，曰，日月出矣，而爝火不息，其於光也，不亦難乎？時雨降矣，而獨浸灌，其於澤也，不亦勞乎？夫子立而天下治，而我獨尸之，吾自視缺然，請致天下。許由曰，子治天下，天下既已治也，而我猶代子，吾將爲名乎？名者，實之賓也，吾將爲賓乎？鷦鷯巢於深林，不過一枝；偃鼠飲河，不過滿腹，歸，休乎！君，予無所用天下爲。庖人雖不治庖，尸祝不越樽俎而代之矣。」照這所說，道家之所以輕視堯舜之治，乃道家輕視天下；之所以輕視天下，乃道家認爲「生之、畜之，生而不有，爲而不恃，長而不宰，是謂玄德。」（老子第十章）從「玄德」觀之，何有天子？何有天下？嚴幾道先生以「黃老爲民主治道」（見侯官嚴氏評典故書三種，成都書局壬申校刊），此言誠然。這就是說，道家因有民主思想，所以輕視堯舜以天子治天下之思想，對於孔子爲天子效力之行爲，當然會一併輕視了。再者，道家之所以輕視仁政，乃道家輕視仁義。老子曰：「大道廢，有仁義。」又曰：「絕聖棄智，民利百倍；絕仁棄義，民復孝慈。」道家爲什麼輕視仁義呢？莊子曰：「夫大道不稱，大辯不言，大仁不仁。」（齊物論）又曰：「泉涸，魚相與處於陸，相呴以濕，相濡以沫，不如相忘於江湖，與其譽堯而非桀也，不若兩忘而化其道。」（大宗師）又曰：「孔子曰，魚相造乎水，人相造乎道。相造乎水者，穿池而養給；相造乎道者，無事而生定。故曰，魚相忘乎江湖，人相忘乎道術。」（同上）又曰：「許由曰，噫！未可知也。我爲汝言其大略。吾師乎？吾師乎？齏萬物而不爲義，澤及萬世而不爲仁，長於上古而不爲老，覆載天地，刻雕眾形，而不爲巧，此所遊已。」（同上）照這所說，道家之所以反對仁義，意謂當堯舜認定其所施行者是仁政時，那祇是泉涸時之濕或沫而已，那確是不足稱道的。道家輕視堯舜之仁政，更輕視堯舜之君主政治，乃是本於他們所「不稱」之「大道」，「不仁」之「大仁」，這確是一般俗儒、迂儒以及宋明以後許多之儒家所無法夢見的。不過，他們那樣的輕視孔子，卻不見得公平。一方面，孔子知道「魚相忘乎江湖」之妙，這是莊子之書可證；另一方面，孔子所謂之仁，是達到了「完極的境界」。孔子之仁學，實無可厚非。再者，堯舜是「由仁義行，非行仁義也。」（中孟子離婁下）而且，儒家之仁政，基本上是以仁存心，并善推其所爲的「因民之所利而利之」（見論語堯曰篇，此可證儒家反對利國，不反對利民）。在政治上要做到：「允若茲，嘉言罔攸伏，野無遺言，萬邦咸寧。稽于眾，舍己從人，不虐無告，不廢困窮。」（尚書大禹謨）在經濟上，希望能達到「使有菽粟於水火」（孟子盡心上）。這種希望能做到「野無遺言」的民主思想，「萬邦咸寧」的和平思想，并使人民日臻於安樂與富裕的仁政，道家實不宜完全鄙視之。誠然，儒家因較爲務實而未能超脫君主政治，更未能發展出民主法治的思想，此確是儒家未能超脫現實之過；然而先秦儒家所主張的以仁存心之仁政，必可與現代民主法治及福利國家的思想相通相順，實毫無疑義。所以本於孔孟仁學而希望實現之仁政，在先秦寺代，即所謂內聖外王之大學之道；在今日看來，其基本精神，實有助於現代民主法治之真正施行。這就是說，現代的民主法治，若更能結合孔孟仁學或大學之道，而譜出民主、法治與德治之三重奏；那麼，我們人類所能感受到的是一種什麼樣的世界，我相信讀者是可以意味得到的。

五、為萬世開太平

總結以上所述，在此我們須稍作說明者：第一，從純哲學的觀點來說，此寂無而動有，亦即是「無聲無臭」或可以名之爲「無」的本體，雖是「無思無爲」，卻能「感而遂通天下之故」。古人稱此整個的或全部的作用爲本體。我們認爲，此「無思無爲，感而遂通」之感通是心靈作用，此作用可名之爲本心或心之本體或宇宙本體之本性等等；此感通之本身，亦即此寂無動有之本身，方可名之爲本體。爲什麼要作此一區別呢？在導論中曾將此區別已有提及，以說明中國哲學不是唯心論。這就是說，我們所講的孔孟仁學，可以說是心學；而這個心學所謂之心，乃是指宇宙本體之本性而言，不是說這個心即是宇宙本體，所以這不是唯心論；因此，這個區別是必要的。第二，由於有這個區別，使我們很清楚的體會到，這宇宙本體之寂無而動有之本性，就其本身言，它就是宇宙的本體；就其作用言，它就是人之本心。這二者不二亦不一。我們說它不二，因爲它本是不二；我們說它不一，乃就其作用與其本身加以區別而如是云云；至於我們之所以把這個區別特別指明，乃是指明我們所講的孔孟仁學，亦即這個心學所講者，不是就宇宙本體，而是就其本性加以描述。因此，孔孟仁學所講之仁，即是宇宙本體之本性，亦即我們所謂之本心之顯現。當我們澄心靜慮而達到一念不起時，亦即達到中庸所謂喜怒哀樂未發之中時，我們是真的見到了這個真心，亦即真的見到了宇宙本體之本性。這個本性是至真實的，亦即至誠無二的。中庸所謂「至誠之道」，即這個至誠無二者所顯現之功能而有其一定不移之理。孔孟所謂之仁，即是這個真心所顯現之最純粹而合乎「至誠之道」的一種作用；所以我們說這作用（即孔孟所謂之仁）之究極的境界，實即道之究極的境界。當前文我們講「仁之究極的境界」時，我們曾作如是的陳述，讀者可能仍有不契，現再就我們從作用上所作的這個分析而加以體會，我相信必可煥然而無疑了。第三，在此仍須作進一步說明者，至此究極的境界，即是見到了禪宗六祖所謂之「本來面目」，亦即是在導論中便已提及的「無所住心」。至此境界，即是真正的覺者，亦即是真的成佛了。至此，有三事須加說明：其一，這是「深造自得」的。禪宗祖師們常說：我的是我的，不干你事，即是此意。其二，至此境界，在儒家來說，是情通於性，是情與性通；在佛家來說，即是真的見性。見性之人，亦即是通達事理，在見地上全無滯礙。我們在上篇講孔子仁學時，曾講到「毫無偏蔽之真知」，這個「真知」，即是見性者之認知；所以見性之人，即是大澈大悟，而既能澈上亦能澈下之仁者（請覆按上篇八）或覺者。其三，照禪宗所說，這「本來面目」是可頓悟；孔孟仁學，則著重在生活中實踐。例如「大學之道」，即是在說明從學校生活以及治國平天下的全部生活之實踐仁的方法。在個人來說，儒家是希望實踐仁而至於純熟為目的；對社會國家來說，儒家是希望在仁之實踐過程中，能「裁成天地之道，輔相天地之宜」（周易泰卦象詞），以成就人之才能，而能改善人之生存或生活。這是孔孟講仁政的最終極的理想。祇有達成這個理想，才能體現孔孟仁學之全部精神，也才是實踐仁至於最純熟而究極之境地。照這樣說來，實踐仁之領域，確是極其廣大；至於見得這個仁，若真能「去人慾以明道心」，則可以「當下即是」。這也是說明了儒佛之不同。儒家著重在實踐，佛家著重在悟得。儒家蓋認為，人若能知止於至善，而貫通其所學以致知，則可以知之至而意誠心正，而仁心顯露。

這是我們在講「仁學與大學之道」時所詳爲解說者。這是任何人都可以自己驗證的。例如你是一個裁縫，你從衣服式樣之設計到製作而無所不通，那就是你能貫通其所學而致知，你對於裁縫一事必是意誠而心正。在這個時候，你祇要能本此一念之誠，亦即本此能貫通所學之悟性而返觀自己的心，你就會見到此心之仁。你若能好好保任這個仁心而實踐在生活之中，終必成爲仁者而無疑。這是從事任何正當行業之任何個人，都可以親身驗證者。這就是說，儒家與佛家之不同，實有「見性」方法與實踐過程之不同。我們講孟子仁學時，曾提到佛家「放下屠刀，立地成佛」之說，似可與儒家貫通其所學以致知而知仁之說相同。因爲能「放下屠刀」者，必是在執屠刀之過程中，澈底的學會了，亦即是覺悟了其事之不應該，而仁心顯現，故而將刀放下。此理極明白而易曉。果能明乎此，必可讀通論語孟子及大學中庸等四子之書，亦必真能懂得孔孟之仁學。

照以上所作之分析，我們當可完全明白，孔孟仁學是心學。這個心學是超脫了原罪或無名，而達到了究極的境界，所有潛意識或「情結」皆已解脫，與佛的境界沒有不同。我知有人說不同，如前文所講的天台陸子等，他們是既不懂得佛學，也更不懂得仁學。至於儒佛之不同，既可以說是實踐方法之不同，也可以說是希望達成之目的更不相同。同時，以成佛爲務者，乃自私心在作祟，其結果，必祇是在鬼窟裡作活計而已。孔孟仁學，以犧牲奉獻，能爲人類盡一份力量爲務；其所講究的，是自己之意是否誠，心是否正，更反對奢侈與不守份（如論語八佾孔子對管仲之批評），而著重謙卑與恭敬（這在禮記中可以找出許多例證）。孔孟仁學，是希望在「人間世」實踐而獲得成功。在政治上，與現代民主法治精神極爲相合。現代的民主法治若能結合孔孟仁學的精神，如上文所謂之「譜出民主、法治與德治之三重奏」，這必是實現了人類在政治上之真正希望。再者，孔孟仁學，與基督教「神愛世人」之思想亦極相合。其所不同者，基督徒認爲有一與人相似之神來拯救世人，祇需信仰這個神，便可得救；儒家則認爲，人應該發揮自己之仁心以救世人。孟子曰：「思天下之民，匹夫匹婦，有不被堯舜之澤者，若己推而內之溝中。」（孟子萬章上）孔孟是本於這種精神來救人愛人的。這種精神之根基，就是人之仁心。新約有云：「使基督因你們的信，住在你們心裡，叫你們的愛心，有根有基。」（第三章十七節）新約經常說到基督住在我們心裡。當基督住在我們心裡時，我們的愛心便有根基，我們的仁心便顯露了。我與神同在，乃是我之仁心與神同在。孔孟仁學與基督救世愛人之思想確是相同。近年來，我對耶穌基督之信仰，頗爲虔誠；不過，對於一般基督徒之不寬容精神，如排斥別的宗教，并對於與自己宗派不同之天主教或其他教派，也極力排斥；同時，一般教徒對於禪宗所謂之「向上一路」，完全茫然無知，而祇是停留在世俗的信仰裡；因此，我認爲耶教要真能成爲高級知識份子安身立命之所；或者，要真能把別人宣佈已死的上帝再救活過來，耶禪共修，實是必要。現在我又覺得，從救世救人這一點，視耶儒爲同道，更有必要。在政治上，我們能「譜出民主法治與德治之三重奏」；在宗教上，我們能體現耶禪雙修與耶儒同道，必能「醫治現代西方文明之病」（詳見下篇第八節）而逐漸的實現人類之真正希望；因爲這是將人之本心本性，亦即宇宙本體之本性，也可說是「至神」之神性，在人類社會表現出來。「神愛世人」，其唯一的途徑，是在世人之心靈上，亦即在人之本心上顯現出這個愛，而這個愛就是仁。若世人而希望獲得神之愛，是祇有體現這個仁；

所以孔孟仁學是真能體現「神愛世人」之精神，也真能實現人類之真正希望，亦惟有人類才真能實現這個希望。這是我們講孔孟仁學所獲得的一點心得。宋明儒者，除陸王略有所見外，其他各家很少有這個心得。總之，這個能實現人類真正希望之仁學，也是可以開萬世太平之學；因爲這個希望能真正實現，必是實現人皆可以爲堯舜的理想，也必是實現了人間淨土或人間天國，這當然是開萬世之太平了。張橫渠曾說：「爲天地立心，爲生民立命，爲往聖繼絕學，爲萬世開太平。」張子此說，稍有語病；因爲人之本心即天地之心，是現成的；同時，人得天地之中以生，生民之命亦是現成的。這祇是許多人不明白而已，何用立呢？因此，宜更易兩字，而曰：「爲天地明心，爲生民說命，爲往聖繼絕學，爲萬世開太平。」我們講孔孟仁學，是真有這四點收穫。卅年前，本書初版時，尚未有見及此。當時，我祇是見到仁心而未知其效用。現在我堅信：明天地之心，識生民之命，繼承孔孟仁學，結合現代民主法治思想，以實現人類在政治上之願望；同時，並融會貫通佛教與耶教之宗教信仰，以提昇一般人在精神上之修養境界；若更能發揮儒家本於仁心之救世愛人思想而體現出「神愛世人」之精神，則必能實現人類之真正希望而開萬世之太平。因爲，當我們明得天地之心（即人之本來面目）而識得生民之命（即未發之中）時，不祇是人之仁心現起，人之全副力量及生命力亦必現起。在這個時候，必是不容已的實踐這個仁而發揚光大之。孔子認爲，堯舜禹湯文武周公，即是能實踐這個仁而發揚光大之先聖。我們講孔孟仁學，必須理解至此而果有所得，才真能挑東魯而直接孔孟之心傳。這當然是很難的。詩小雅有曰：「高山仰止，景行行止。」太史公司馬遷曰：「雖不能至，然心嚮往之。」（史記孔子世家贊）秦漢以來，心嚮往而真能識得此心之仁者，真是少之又少。這不是因爲太難，而是真知其意者太少。本書之作，旨在闡明孔孟仁學之原義，期好學深思之士，真知其意，得能升堂入室，繼承孔孟之絕學，使之廣爲傳播；於是，嚮往者日眾，先聖之道，必可煥然而大明於斯世。

（校後記）當本書作最末一次校正後，深感有話要說。我們講孟子仁學時，曾本於仁政思想，評述卅年前之時局，并特別強調「行仁義則國治，欲利國則國亡」的觀點。於今思之，歷史確是最好的見證。再者，鄧小平先生之改革開放政策，不以管制人民、改造人民爲務，也不堅持一定之意識型態，撥亂反正，事實求是的以求改善人民生活。這就是實踐了「因民之所利而利之」的愛民之仁政，故能免於危亡，而沒有遭受與俄共相同的命運。這也是見證了，愛民的仁義之政，若果實行，則必有成。現今北京當局，在外交上願與各國結成夥伴而不針對第三者。這與管仲「九合諸侯，不以兵車」之精神，頗爲相合。孔子稱許管仲者，祇此一事，這是合乎「先聖之道」而有益於世界和平的一種作爲。北京當局，似無意師法古人；然而當政者，若真有愛國愛民的一念之至誠，則人之仁心仁性必然現起，而有一種「思天下之民，匹夫匹婦，有不被堯舜之澤者，若己推而內之溝中」的感受。有此種感受而又有「公天下」之心的現代政治家，他必會「譜出民主法治與德治之三重奏」，以「醫治現代西方文明之病」，而「實現人類在政治上之真正希望」。人若能實現這個希望，是可以「爲萬世開太平」，也就是體現了孔孟仁學的理想。本書之作，既闡述了孔孟仁學之原義，也說明了人類之真正希望。

一九九八年十月十八日作者於洛杉磯哈崗寓所

戊、附錄：孟子有關仁學各章彙編

1.孟子見梁惠王。王曰：「叟，不遠千里而來，亦將有以利吾國乎？」孟子對曰：「王何必曰利，亦有仁義而已矣。王曰，何以利吾國；大夫曰，何以利吾家；士庶人曰，何以利吾身；上下交征利，而國危矣。萬乘之國，弒其君者，必千乘之家；千乘之國，弒其君者，必百乘之家。萬取千焉，千取百焉，不爲不多矣。苟爲後義而先利，不奪不饜。未有仁而遺其親者也；未有義而後其君者也。王亦曰仁義而已矣，何必曰利。」（梁惠王上）

2.梁惠王曰：「晉國天下莫強焉，叟之所知也。及寡人之身，東敗於齊，長子死焉。西喪地於秦七百里。南辱於楚。寡人恥之。願比死者一洒之，如之何則可。」孟子對曰：「地方百里而可以王。王如施仁政於民。省刑罰，薄稅斂，深耕易耨。壯者以暇日，修其孝悌忠信；入以事其父兄，出以事其長上；可使制梃，以撻秦楚之堅甲利兵矣。彼奪其民時，使不得耕耨，以養其父母；父母凍餓，兄弟妻子離散。彼陷溺其民，王往而征之，夫誰與王敵。故曰仁者無敵，王請勿疑。」（梁惠王上）

3.齊宣王問曰：「齊桓晉文之事，可得聞乎？」孟子對曰：「仲尼之徒，無道桓文之事者，是以後世無傳焉，臣未之聞也。無以，則王乎！」曰：「德何如，則可以王矣。」曰「保民而王，莫之能禦也。」曰：「若寡人者，可以保民乎哉？」曰：「可。」曰：「何由知吾可也？」曰：「臣聞之胡齕曰，王坐於堂上，有牽牛而過堂下者。王見之，曰，牛何之。對曰，將以釁鐘。王曰舍之，吾不忍其觳觫，若無罪而就死地。對曰，然則廢釁鐘與？曰，何可廢也，以羊易之。不識有諸？」曰：「有之。」曰：「是心足以王矣，百姓皆以王爲愛也。臣固知王之不忍也。」王曰：「然。誠有百姓者，齊國雖褊小，吾何愛一牛？即不忍其觳觫，若無罪而就死地，故以羊易之也。」曰：「王無異於百姓之以王爲愛也。以小易大，彼惡知之。王若隱其無罪而就死地，則牛羊何擇焉？」王笑曰：「是誠何心哉？我非愛其財，而易之以羊也，宜乎百姓之謂我愛也。」曰：「無傷也，是乃仁術也，見牛未見羊也。君子之於禽獸也，見其生，不忍見其死；聞其聲，不忍食其肉。是以君子遠庖廚也。」王說曰：「詩云，他人有心，予忖度之。夫子之謂也。夫我乃行之，反而求之，不得吾心。夫子言之，於我心有戚戚焉。此心之所以合於王者，何也？」曰：「有復於王者曰，吾力足以舉百鈞，而不足以舉一羽；明足以察秋毫之末，而不見輿薪，則王許之乎？」曰：「否！」「今恩足以及禽獸，而功不至於百姓者，獨何與？然則一羽之不舉，爲不用力焉。輿薪之不見，爲不用明焉。百姓之不見保，爲不用恩焉。故王之不王，不爲也，非不能也。」曰：「不爲者與不能者之形何以異？」曰：「挾太山以超北海，語人曰，我不能，是誠不能也。爲長者折枝，語人曰，我不能，是不爲也，非不能也。故王之不王，非挾太山以超北海之類也；王之不王，是折枝之類也。老吾老，以及人之老；幼吾幼，以及人之幼，天下可運於掌。詩云，刑于寡妻，至于兄弟，以御于家邦。言舉斯心，加諸彼而已。故推恩足以保四海，不推恩無以保妻子。古之人所以大過人者，無他焉，善推其所爲而已矣。今恩足以及禽獸，而功不至於百姓者，獨何與？權，然後知輕重；度，然後知長短；物皆然，心爲甚，王請度之。抑王興甲兵，危士臣，構怨於諸侯，然後快於心與？」王曰：「否！吾何快於是，將以求吾所大欲也。」曰：「王之所大欲，可得而聞與？」王笑而不言。曰：「爲肥甘不足於口與？輕煖不足於體與？抑爲彩色不足視於目與？聲音不足聽於耳與？便嬖不足使令於前與？王之諸臣，皆足以供之，而王豈爲是哉？」曰：「否，吾不爲是也。」曰：「然則王之所大欲可知已。欲辟土地，朝秦楚，蒞中國，而撫四夷也。以若所爲，求若所欲，猶緣木而求魚也。」王曰：「若是其甚與？」曰：「殆有甚焉。緣木求魚，雖不得魚，無後災。以若所爲，求若所欲，盡心力而爲之，後必有災。」曰：「可得聞與？」曰：「鄒人與楚人戰，則王以爲孰勝。」曰：「楚人勝。」曰：「然則小固不可以敵大，寡固不可以敵眾，弱固不可以敵彊。海內之地，方千里者九，齊集有其一。以一服八，何以異於鄒敵楚哉？蓋亦反其本矣。今王發政施仁，使天下仕者皆欲立於王之朝，耕者皆欲耕於王之野，商賈皆欲藏於王之市，行旅皆欲出於王之塗。天下之欲疾其君者，皆欲赴愬於王。其若是，孰能禦之。」王曰：「吾惛不能進於是矣。願夫子輔吾志，明以教我。我雖不敏，請嘗試之。」曰：「無恒產而有恒心者，惟士爲能。若民則無恒產，因無恒心。苟無恒心，放辟邪侈，無不爲已。及陷於罪，然後從而刑之，是罔民也。焉有仁人在位，罔民而可爲也。是故明君制民之產，必使仰足以事父母，俯足以畜妻子，樂歲終身飽，凶年免於死亡；然後驅而之善，故民之從之也輕。今也制民之產，仰不足以事父母，俯不足以畜妻子，樂歲終身苦，凶年不免於死亡；此惟救死而恐不贍，奚暇治禮義哉。王欲行之，則盍反其本矣。五畝之宅，樹之以桑，五十者可以衣帛矣。雞豚狗彘之畜，無失其時，七十者可以食肉矣。百畝之田，勿奪其時，八口之家，可以無飢矣。謹庠序之教，申之以孝悌之義，頒白者不負戴於道路矣。老者衣帛食肉，黎民不飢不寒；然而不王者，未之有也。」（梁惠王上）

4. 齊宣王問曰：「交鄰國有道乎？」孟子對曰：「有。惟仁者爲能以大事小。是故湯事葛，文王事昆夷。惟智者爲能以小事大。故大王事獯鬻，勾踐事吳。以大事小者樂天者也！以小事大者，畏天者也，樂天者保天下，畏天者保其國。詩云，畏天之威，于時保之。」王曰：「大哉言矣。寡人有疾，寡人好勇。」對曰：「王請無好小勇。夫撫劍疾視曰，彼惡敢當我哉？此匹夫之勇，敵一人者也，王請大之。詩云，王赫斯怒，爰整其旅，以遏徂莒，以篤周祜，以對于天下。此文王之勇也。文王一怒而安天下之民。書曰，天降下民，作之君，作之師。惟曰，其助上帝，寵之四方，有罪無罪，惟我在。天下曷敢有越厥志。一人衡行於天下，武王恥之，此武王之勇也。而武王亦一怒而安天下之民。今王亦一怒而安天下之民，民惟恐王之不好勇也。」（梁惠王下）

5. 齊宣王問曰：「人皆謂我毀明堂，毀諸已乎？」孟子對曰：「夫明堂者，王者之堂也。王欲行王政，則勿毀之矣。」王曰：「王政可得聞與？」對曰：「昔者文王之治岐也，耕者九一，仕者世祿。關市譏而不征，澤梁無禁，罪人不孥。老而無妻曰鰥，老而無夫曰寡，老而無子曰獨，幼而無父曰孤。此四者，天下之窮民而無告者。文王發政施仁，必先斯四者。詩云，哿矣富人，哀此煢獨。」王曰：「善哉言乎。」曰：「王如善之，則何爲不行？」

王曰：「寡人有疾，寡人好貨。」對曰：「昔者公劉好貨。詩云，乃積乃倉，乃裹餱糧，于橐于囊，思戢用光，弓矢斯張，干戈戚揚，爰方啓行。故居者有積倉，行者有裹糧也；然後可以爰方啓行。王如好貨，與百姓同之，如王何有。」王曰：「寡人有疾，寡人好色。」對曰：「昔者太王好色，愛厥妃。詩云，古公亶父，來朝走馬，率西水滸，至于岐下，爰及姜女，聿來胥宇。當是時也，內無怨女，外無曠夫。王如好色，與百姓同之，於王何有。」

（梁惠王下）

6. 齊宣王問曰：「湯放桀，武王伐紂，有諸。」孟子對曰：「於傳有之。」曰：「臣弒其君可乎？」曰：「賊仁者謂之賊；賊義者謂之殘。殘賊之人，謂之一夫。聞誅一夫紂矣，未聞弒君也。」（梁惠王下）

7. 齊人伐燕取之，諸侯將謀救燕。宣王曰：「諸侯多謀伐寡人者，何以待之？」孟子對曰：「臣聞七十里爲政於天下者，湯是也，未聞以千里畏人者也。書曰，湯一征，自葛始，天下信之。東面而征，西夷怨；南面而征，北狄怨。曰，奚爲後我。民望之，若大旱之望雲霓也。歸市者不止，耕者不變。誅其君而吊其民。若時雨降，民大悅。書曰，徯我后，后來其蘇。今燕虐其民，王往而征之。民以爲將拯己於水火之中也。簞食壺漿，以迎王師。若殺其父兄，係累其子弟，毀其宗廟，遷其重器，如之何其可也。天下固畏齊之疆也。今又倍地而不行仁政，是動天下之兵也。王速出令，反其旄倪，止其重器，謀於燕眾，置君而後去之，則猶可及止也。」（梁惠王下）

8. 鄒與魯鬨。穆公問曰：「吾有司死者三十三人，而民莫之死也。誅之則不可勝誅，不誅則疾視其長上之死而不救，如之何則可也。」孟子對曰：「凶年饑歲，君之民，老弱轉乎溝壑，壯者散而之四方者幾千人矣；而君之倉廩實，府庫充，有司莫以告，是上慢而殘下也。曾子曰，戒之戒之，出乎爾者，反乎爾者也。夫民今而後，得反之也，君何尤焉。君行仁政，斯民親其上，死其長矣。」（梁惠王下）

9. 滕文公問曰：「滕。小國也。竭力以事大國，則不得免焉！如之何則可？」孟子對曰：「昔者大王居邠，狄人侵之。事之以皮幣，不得免焉；事之以犬馬，不得免焉；事之以珠玉，不得免焉。乃屬其耆老而告之曰，狄人之所欲者，吾土地也。吾聞之也，君子不以其所以養人者害人，二三子何患乎無君！我將去之。去邠，踰梁山，邑于岐山之下居焉。邠人曰，仁人也，不可失也，從之者如歸市。或曰，世守也，非身之所能爲也，效死勿去。君請擇於斯二者。」（梁惠王下）

10. 公孫丑問曰：「夫子當路於齊，管仲晏子之功，可復許乎？」孟子曰：「子誠齊人也，知管仲晏子而已。或問乎曾西曰，吾子與子路孰賢。曾西蹴然曰，吾先子之所畏也。曰，然則吾子與管仲孰賢，曾西艴然不悅曰，爾何曾比予於管仲。管仲得君，如彼其專也；行乎國政，如彼其久也；功烈，如彼其卑也。爾何曾比予於是。」曰：「管仲曾西之所不爲也，而子爲我願之乎？」曰：「管仲以其君霸，晏子以其君顯。管仲晏子，猶不足爲與？」曰：「以齊王，由反手也。」曰：「若是，則弟子之惑滋甚。且以文王之德，百年而後崩，猶未洽於天下，武王周公繼之，然後大行。今言王若易然，則文王不足法與？」曰：「文王何可當也。由湯至於武丁，賢聖之君六七作，天下歸殷久矣，久則難變也。武丁朝諸候，有天下，猶運之掌也。紂之去武丁，未久也。其故家遺俗，流風善政，猶有存者。又有微子微仲，王子比干，箕子膠鬲，皆賢人也，相與輔相之，故久而後失之也。尺地莫非其有也，一民莫非其臣也，然而文王猶方百里起，是以難也。齊人有言曰，雖有智慧，不如乘勢，雖有鎡基，不如待時，今時則易然也。夏后殷周之盛，地未有過千里者也，而齊有其地矣。雞鳴狗吠相聞而達乎四境，而齊有其民矣。地不改辟矣，民不改聚矣，行仁政而王，莫之能禦也。且王者之不作，未有疏於此時者也；民之憔悴於虐政，未有甚於此時者也。飢者易爲食，渴者易爲飲。孔子曰，德之流行，速於置郵而傳命。當今之時，萬乘之國行仁政，民之悅之，猶解倒懸也。故事半古之人，功必倍之，惟此時爲然。」（公孫丑上）

11.公孫丑問曰：「夫子加齊之卿相，得行道焉，雖由此霸王不異矣，如此則動心否乎。」孟子曰：「否，我四十不動心。」曰：「若是，則夫子過孟賁遠矣。」曰：「是不難。告子先我不動心。」曰：「不動心有道乎？」曰：「有。北宮黝之養勇也，不膚撓，不目逃；思以一毫挫於人，若撻之於市朝。不受於褐寬博，亦不受於萬乘之君。視刺萬乘之君，若刺褐夫。無嚴諸侯，惡聲至必反之。孟施舍之所養勇也。曰，視不勝猶勝也。量敵而後進，慮勝而後會，是畏三軍者也。舍豈能爲必勝哉？能無懼而已矣。孟施舍似曾子，北宮黝似子夏、夫二子之勇，未知其孰賢，然而孟施舍守約也。昔者曾子謂子襄曰，子好勇乎。吾嘗聞大勇於夫子矣。自反而不縮，雖褐寬博，吾不惴焉；自反而縮，雖千萬人，吾往矣。孟施舍之守氣，又不如曾子之守約也。」曰：「敢問夫子之不動心，與告子之不動心，可得聞與？」「告子曰，不得於言，勿求於心，不得於心，勿求於氣。不得於心，勿求於氣，可；不得於言，勿求於心，不可。夫志，氣之帥也；氣，體之充也。夫志，至焉；氣，次焉。故曰，持其志，無暴其氣。」「既曰，志，至焉；氣，次焉。又曰，持其志無暴其氣者，何也？」曰：「志壹則動氣，氣壹則動志也。今夫蹶者趨者，是氣也，而反動其心。」「敢問夫子惡乎長？」曰：「我知言，我善養吾浩然之氣。」「敢問何爲浩然之氣？」曰：「難言也。其爲氣也，至大至剛，以直養而無害，則塞於天地之間。其爲氣也，配義與道，無是餒也。是集義所生者，非義襲而取之也。行有不慊於心，則餒矣。我故曰告子未嘗知義，以其外之也。必有事焉而勿正，心勿忘，勿助長也。無若宋人然。宋人有閔其苗之不長而揠之者。芒芒然歸，謂其人曰，今日病矣，予助苗長矣。其子趨而往視之，苗則槁矣。天下之不助苗長者寡矣。以爲無益而舍之者，不耘苗者也。助之長者，揠苗者也，非徒無益，而又害之。」「何謂知言？」曰：「詖辭知其所蔽，淫辭知其所陷，邪辭知其所離，遁辭知其所窮。生於其心，害於其政，發於其政，害於其事。聖人復起，必從吾言矣。」「宰我子貢，善爲說辭，冉牛閔子顏淵，善言德行，孔子兼之。曰，我於辭命，則不能也。然則夫子既聖矣乎。」曰：「惡！是何言也。昔者子貢問於孔子曰，夫子聖矣乎！孔子曰，聖則吾不能。我學不厭，而教不倦也。子貢曰，學不厭，智也，教不倦，仁也；仁且智，夫子既聖矣。夫聖孔子不居，是何言也。」「昔者竊聞之。子夏子游子張，皆有聖人之一體，冉牛閔子顏淵，則具體而微。敢問所安？」曰：「姑舍是。」曰：「伯夷伊尹何如？」曰：「不同道。非其君不事，非其民不使；治則進，亂則退，伯夷也。何事非君，何使非民；治亦進，亂亦進，伊尹也。可以仕則仕，可以止則止，可以久則久，可以速則速，孔子也。皆古聖人也。吾未能有行焉。乃所願，則學孔子也。」「伯夷伊尹於孔子，若是班乎？」曰：「否！自有生民以來，未有孔子也。」曰：「然則有同與？」曰：「有。得百里之地而君之，皆能以朝諸侯有天下，行一不義，殺一不辜，而得天下，皆不為也，是則同。」曰：「敢問其所以異？」曰：「宰我子貢有若，智足以知聖人。汙不至阿其所好！宰我曰，以予觀於夫子，賢於堯舜遠矣。子貢曰，見其禮而知其政，聞其樂而知其德。由百世之後，等百世之王，莫之能違也。自生民以來，未有夫子也。有若曰，豈惟民哉！麒麟之於走獸，鳳凰之於飛鳥，太山之於邱垤，河海之於行潦，類也。聖人之於民，亦類也。出於其類，拔乎其萃，自生民以來，未有盛於孔子也。」（公孫丑上）

12. 孟子曰：「以力假仁者霸，霸必有大國，以德行仁者王，王不待大。湯以七十里，文王以百里。以力服人者，非心服也，力不贍也，以德服人者，中心悅而誠服也，如七十子之服孔子也。詩云，自西自東，自南自北，無思不服。此之謂也。」（公孫丑上）

13. 孟子曰：「仁則榮，不仁則辱，今惡辱而居不仁，是猶惡濕而居下也。如惡之，莫如貴德而尊士。賢者在位，能者在職，國家閒暇，及是時，明其政刑，雖大國，必畏之矣。詩云，迨天之未陰雨，徹彼桑土，綢繆牖戶，今此下民，或敢侮予。孔子曰，為此詩者，其知道乎！能治其國家，誰敢侮之。今國家閒暇，及是時，般樂怠敖，是自求禍也。禍福無不自己求之者。詩云，永言配命，自求多福。太甲曰，天作孽，猶可違，自作孽，不可活。此之謂也。」（公孫丑上）

14. 孟子曰：「人皆有不忍人之心。先王不忍人之心，斯有不忍人之政矣。以不忍人之心，行不忍人之政，治天下可運之掌上。所以謂人皆有不忍人之心者。今人乍見孺子，將入於井，皆有怵惕惻隱之心。非所以內交於孺子之父母也，非所以要譽於鄉黨朋友也，非惡其聲而然也。由是觀之，無惻隱之心，非人也、無羞惡之心，非人也、無辭讓之心，非人也，無是非之心，非人也。惻隱之心，仁之端也、羞惡之心，義之端也；辭讓之心，禮之端也；是非之心，智之端也。人之有四端者，猶其有四體也。有四端而自謂不能者，自賊者也，謂其君不能者，賊其君者也。凡有四端於我者，知皆擴而充之矣，若火之始然，泉之始達。苟能充之，足以保四海、苟不充之，不足以事父母。」（公孫丑上）

15. 孟子曰：「矢人不豈仁於函人哉！矢人唯恐不傷人，函人唯恐傷人。巫匠亦然。故術不可不慎也。」孔子曰：「里仁爲美，擇不處仁，焉得智。夫仁，天之尊爵也，人之安宅也。莫之禦而不仁，是不智也。不仁不智，無禮無義，人役也。人役而恥爲役，由弓人而恥爲弓，矢人而恥爲矢也。如恥之，莫如爲仁。仁者如射，射者正己而後發，發而不中，不怨勝己者，反求諸己而已矣。」（公孫丑上）

16. 孟子將朝王。王使人來曰：「寡人如就見者，有寒疾，不可以風。朝將視朝，不識可使寡人得見乎？」對曰：「不幸而有疾，不能造朝。」明日，出吊於東郭氏。公孫丑曰：「昔者辭以病，今日吊，或者不可乎？」曰：「昔者疾，今日愈，如之何不吊。」王使人問疾。醫來。孟仲子對曰：「昔者有王命，有采薪之憂，不能造朝。今病小愈趨造於朝，我不識能至否乎？」使數人要於路曰：「請必無歸，而造於朝。」不得已而之景丑氏宿焉。景子曰：「內則父子，外則君臣，人之大倫也。父子主恩，君臣主敬。丑見王之敬子也，未見所以敬王也。」曰：「惡！是何言也。齊人無以仁義與王言者，豈以仁義爲不美也。其心曰，是何足與言仁義也云爾，則不敬莫大乎是。我非堯舜之道，不敢以陳於王前，故齊人莫如我敬王也。」景子曰：「否！非此之謂也。禮曰，父召無諾。君命召，不俟駕。固將朝也，聞王命而遂不果。宜與夫禮，若不相似然。」曰：「豈謂是與？曾子曰，晉楚之富，不可及也。彼以其富，我以吾仁，彼以其爵，我以吾義。吾何慊乎哉？夫豈不義而曾子言之，是或一道也。天下有達尊三：爵一、齒一、德一。朝廷莫如爵，鄉黨莫如齒，輔世長民莫如德。惡得有其一以慢其二哉！故將大有爲之君，必有所不召之臣；欲有謀焉，則就之。其尊德樂道，不如是，不足與有爲也。故湯之於伊尹，學焉而後臣之，故不勞而王；桓公之於管仲，學焉而後臣之，故不勞而霸。今天下地醜德齊，莫能相尙，無他，好臣其所教，而不好臣其所受教。湯之於伊尹，桓公之於管仲，則不敢召；管仲且猶不可召，而況不爲管仲者乎？」（公孫丑下）

17. 燕人畔。王曰：「吾甚慚於孟子。」陳賈曰：「王無患焉。王自以爲與周公，孰仁且智。」王曰：「惡；是何言也？」曰：「周公使管叔監殷。管叔以殷畔；知而使之，是不仁也；不知而使之，是不智也；仁智，周公未之盡也；而況於王乎？賈請見而解之。」見孟子問曰：「周公何人也。」曰：「古聖人也。」曰：「使管叔監殷，管叔以殷畔也，有諸？」曰：「然。」曰：「周公知其將畔而使之與？」曰：「不知也。」「然則聖人且有過與？」曰：「周公弟也，管叔兄也；周公之過，不亦宜乎！且古之君子，過則改之；今之君子，過則順之。古之君子，其過也，如日月之食，民皆見之，及其更也，民皆仰之。今之君子，

豈徒順之，又從爲之辭。」（公孫丑下）

18. 滕文公問爲國。孟子曰：「民事不可緩也。詩云，晝爾于茅，宵爾索綯。亟其乘屋，其始播百穀。民之爲道也，有恒產者有恒心，無恒產者無恒心；苟無恒心，放辟邪侈，無不爲已；及陷乎罪，然後從而形之，是罔民也；焉有仁人在位，罔民而可爲也。是故賢君必恭儉禮下，取於民有制。陽虎曰，爲富不仁矣，爲仁不富矣。夏后氏五十而貢，殷人七十而助，周人百畝而徹，其實皆什一也。徹者徹也，助者藉也。龍子曰，治地莫善於助，莫不善於貢。貢者校數歲之中以爲常，樂歲粒米狼戾，多取之而不爲虐，則寡取之。凶年糞其田而不足，則必取盈焉。爲民父母，使民盻盻然，將終歲勤動，不得以養其父母，又稱貸而益之，使老稚轉乎溝壑，惡在其爲民父母也。夫世祿，滕固行之矣。詩云，雨我公田，遂及我私。惟助有公田。由此觀之，雖周亦助也。設爲庠序學校以教之。庠者，養也；校者，教也，序者，射也。夏曰校，殷曰序，周曰庠，學則三代共之，皆所以明人倫也。人倫明於上，小民親於下、有王者起，必來取法，是爲王者師也。詩云，周雖舊邦，其命維新，文王之謂也。子力行之，亦以新子之國。」使畢戰問井地。孟子曰：「子之君，將行仁政，選擇而使子，子必勉之。夫仁政必自經界始，經界不正，井地不均，穀祿不平。是故暴君汙吏，必慢其經界。經界既正，分田制祿，可坐而定也。夫滕，壤地褊小，將爲君子焉，將爲野人焉。無君子莫治野人，無野人莫養君子。請野九一而助，國中什一使自賦。卿以下，必有圭田；圭田五十畝，餘夫二十五畝。死徙無出鄉，鄉田同井。出入相友，守望相助，疾病相扶持，則百姓親睦。方里而井，井九百畝，其中爲公田，八家皆私百畝。

同養公田。公事畢，然後敢治私事，所以別野大也。此其大略也。若夫潤澤之，則在君與子矣。」（滕文公上）

19. 有爲神農之言者許行，自楚之滕，踵門而告文公曰：「遠方之人，聞君行仁政，願受一廛而爲氓。」文公與之處，其徒數十人，皆衣褐，捆屨織席以爲食。陳良之徒陳相，與其弟辛，負耒耜而自宋之滕，曰：「聞君行聖人之政，是亦聖人也，願爲聖人氓。」陳相見許行而大悅，盡棄其學而學焉。陳相見孟子，道許行之言曰：「滕君則誠賢君也。雖然未聞道也。賢者與民并耕而食，饔飧而治；今也滕有倉廩府庫，則是厲民而以自養也，惡得賢。」孟子曰：「許子必種粟而後食乎？」曰：「然。」「許子必織布而後衣乎？」曰：「否！許子衣褐。」「許子冠乎？」曰：「冠。」曰：「奚冠？」曰：「冠素。」曰：「自織之與？」曰：「否！以粟易之。」曰：「許子奚爲不自織？」曰：「害於耕。」曰：「許子以釜甑爨，以鐵耕乎？」曰：「然。」「自爲之與？」曰：「否！以粟易之。」「以粟易械器者，不爲厲陶冶，陶冶亦以其械器易粟者，豈爲厲農夫哉？且許子何不爲陶冶？舍皆取諸其宮中而用之，何爲紛紛然與百工交易？何許子之不憚煩？」曰：「百工之事，固不可耕且爲也。」「然則治天下，獨可耕且爲與？有大人之事，有小人之事；且一人之身，而百工之所爲備。如必自爲而後用之，是率天下而路也。故曰，或勞心，或勞力。勞心者治人，勞力者治於人，治於人者食人，治人者食於人；天下之通義也。當堯之時，天下猶未平。洪水橫流，泛濫於天下。草木暢茂，禽獸繁殖；五穀不登，禽獸傷人。獸蹄鳥跡之道，交於中國。堯獨憂之，舉舜而敷治焉。舜使益掌火，益烈山澤而焚之，禽獸逃逸。禹疏九河，瀹濟漯而注諸海，決汝漢排淮泗而注之江，然後中國可得而食也。當是時也，禹八年於外，三過其門而不入，雖欲耕得乎？后稷教民稼穡，樹藝五穀，五穀熟而民人育。人之有道也，飽食煖衣，逸居而無教，則近於禽獸。聖人有憂之，使契爲司徒，教以人倫。父子有親，君臣有義，夫婦有別，長幼有序，朋友有信。放勳曰，勞之來之，匡之直之，輔之翼之，使自得之，又從而振德之。聖人之憂民如此，而暇耕乎？堯以不得舜爲己憂，舜以不得禹皋陶爲己憂。夫以百畝之不易爲己憂者，農夫也。分人以財謂之惠，教人以善謂之忠，爲天下得人者謂之仁。是故以天下與人易，爲天下得人難。孔子曰，大哉堯之爲君，惟天爲大，惟堯則之，蕩蕩乎民無能名焉。君哉舜也，巍巍乎有天下而不與焉。堯舜之治天下，豈無所用其心哉，亦不用於耕耳。吾聞用夏變夷者，未聞變於夷者也。陳良楚產也。悅周公仲尼之道，北學於中國，北方之學者，未能或之先也。彼所謂豪傑之士也。子之兄弟，事之數十年，師死而遂倍之。昔者孔子沒，三年之外，門人治任將歸，入揖於子貢，相嚮而哭，皆失聲，然後歸。子貢反築室於場，獨居三年，然後歸。他日，子夏子張子游，以有若似聖人，欲以所事孔子事之。彊曾子，曾子曰，不可。江漢以濯之，秋陽以暴之，皜皜乎不可尚已。今也南蠻鴃舌之人，非先王之道，子倍子之師而學之，亦異於曾子矣。吾聞出於幽谷，遷於喬木者，未聞下喬木而入於幽谷者。魯頌曰，戎狄是膺，荊舒是懲。周公方且膺之。子是之學，亦爲不善變矣。」「從許子之道，則市賈不貳，國中無僞，雖使五尺之童適市，莫之或欺。布帛長短同，則賈相若；麻縷絲絮輕重同，則賈相若；五穀多寡同，則賈相若；屨大小同，則賈相若。」曰：「夫物之不齊，物之情也。或相倍蓰，或相什佰，或相千萬，子比而同之，是亂天下也。巨屨小屨同賈，人豈爲之哉？從許子之道，相率而爲僞者也，惡能治國家！」（滕文公上）

20. 墨者夷之，因徐辟而求見孟子。孟子曰：「吾固願見，今吾尚病，病癒，我且往見。」夷子不來。他日，又求見孟子。孟子曰：「吾今則可以見矣。不直則道不見，我且直之。吾聞夷子墨者。墨之治喪也，以薄爲其道也。夷子思以易天下，豈以爲非是而不貴也。然而夷子葬其親厚，則是以所賤事親也。」徐子以告夷子。夷子曰：「儒者之道，古之人若保赤子，此言何謂也。之則以爲愛無差等，施由親始。」徐子以告孟子，孟子曰：「夫夷子，信以爲人之親其兄之子，爲若親其鄰之赤子乎？彼有取爾也。赤子匍匐將入井，非赤子之罪也。且天之生物也，使之一本，而夷子二本故也。蓋上世嘗有不葬其親者，其親死，則舉而委之於壑。他日過之，狐狸食之，蠅蚋姑嘬之。其顙有泚，睨而不視。夫泚也，非爲人泚，中心達於面目。蓋歸反虆梩而掩之；掩之誠是也；則孝子仁人之掩其親，亦必有道矣。」徐子以告夷子，夷子憮然爲間曰：「命之矣。」（滕文公上）

21. 彭更問曰：「後車數十乘，從者數百人，以傳食於諸侯，不以泰乎？」孟子曰：「非其道，則一簞食不可受於人；如其道，則舜受堯之天下，不以爲泰，子以爲泰乎？」曰：「否！士無事，而食不可也。」曰：「子不通功易事，以羨補不足，則農有餘粟，女有餘布。子如通之，則梓匠輪輿，皆得食於子。於此有人焉，入則孝，出則悌，守先王之道，以待後之學者，而不得食於子；子何尊梓匠輪輿，而輕爲仁義哉？」曰：「梓匠輪輿，其志將以求食也。君子之爲道也，其志亦將以求食與？」曰：「子何以其志爲哉？其有功於子，可食而食之矣；且子食志乎，食功乎？」曰：「食志。」曰：「有人於此，毀瓦畫墁，其志將以求食也，則子食之乎？」曰：「否！」曰：「然則子非食志也，食功也。」（滕文公下）

22.公都子曰：「外人皆稱夫子好辯，敢問何也。」孟子曰：「予豈好辯哉！予不得已也。天下之生久矣。一治一亂。當堯之時，水逆行，氾濫於中國，蛇龍居之，民無所定。下者爲巢，上者爲營窟。書曰，洚水警余。洚水者，洪水也。使禹治之。禹掘地而注之海，驅蛇龍而放之菹。水由地中行，江淮河漢是也。險阻既遠，鳥獸之害人者消，然後得平土而居之。堯舜既沒，聖人之道衰，暴君代作。壞宮室以爲汙地，民無所安息；棄田以爲園囿，使民不得衣食。邪說暴行又作，園囿汙池沛澤多而禽獸至。及紂之身，天下又大亂。周公相武王，誅紂伐奄，三年討其君，驅飛廉於海隅而戮之，滅國者五十；驅虎豹犀象而遠之，天下大悅。書曰，丕顯哉，文王謨；丕承哉，武王烈。佑啓我後人，咸以正無缺。世衰道微，邪說暴行有作；臣弑其君者有之，子弑其父者有之。孔子懼，作春秋；春秋，天子之事也。是故孔子曰，知我者，其惟春秋乎？罪我者，其惟春秋乎？聖王不作，諸侯放恣，處士橫議。楊朱墨翟之言盈天下。天下之言，不歸楊則歸墨。楊氏爲我，是無君也；墨氏兼愛，是無父也；無父無君，是禽獸也。公明儀曰，庖有肥肉，廄有肥馬，民有飢色，野有餓莩，此率獸而食人也。楊墨之道不息，孔子之道不著，是邪說誣民，充塞仁義也；仁義充塞，則率獸食人，人將相食。吾爲此懼。閑先聖之道，距楊墨，放淫辭，邪說者不得作。作於其心，害於其事；作於其事，害於其政。聖人復起，不易吾言矣。昔者，禹抑洪水而天下平。周公兼夷狄，驅猛獸而百姓寧。孔子成春秋，而亂臣賊子懼。詩云，戎狄是膺，荊舒是懲，則莫我敢承。無父無君，是周公所膺也。我亦欲正人心，息邪說，距詖行，放淫辭，以承三聖者，豈好辯哉？予不得已也。能言距楊墨者，聖人之徒也。」（滕文公下）

23. 孟子曰：「離婁之明，公輸子之巧，不以規矩，不能成方員；師曠之聰，不以六律，不能正五音；堯舜之道，不以仁政，不能平治天下。今有仁心仁聞，而民不被其澤，不可法於後世者，不行先王之道也。故曰，徒善不足以爲政，徒法不能以自行。詩云，不愆不忘，率由舊章，遵先王之法而過者，未之有也。聖人既竭目力焉，繼之以規矩準繩，以爲方員平直，不可勝用也；既竭耳力焉，繼之以六律正五音，不可勝用也；既竭心思焉，繼之以不忍人之政，而仁覆天下矣。故曰，爲高必因丘陵，爲下必因川澤，爲政不因先王之道，可謂智乎？是以惟仁者宜在高位；不仁而在高位，是播其惡於眾也。上無道揆也，下無法守也。朝不信道，工不信度。君子犯義，小人犯刑。國之所存者幸也。故曰，城郭不完，兵甲不多，非國之災也；田野不辟，貨財不聚，非國之害也；上無禮，下無學，賊民興，喪無日矣。詩曰，天之方蹶，無然泄泄；泄泄，猶沓沓也。事君無義，進退無禮，言則非先王之道者，猶沓沓也。故曰，責難於君謂之恭，陳善閉邪謂之敬，吾君不能謂之賊。」（離婁上）

24. 孟子曰：「規矩，方員之至也，聖人，人倫之至也。欲爲君，盡君道；欲爲臣，盡臣道；二者皆法堯舜而已矣。不以舜之所以事堯事君，不敬其君者也；不以堯之所以治民，賊其民者也。孔子曰，道二，仁與不仁而已。暴其民甚，則身弒國亡；不甚，則身危國削，名之曰幽厲；雖孝子慈孫，百世不能改也。詩云，殷鑒不遠，在夏后之世，此之謂也。」（離

婁上)

25. 孟子曰：「三代之得天下也以仁，其失天下也以不仁。國之所以廢興存亡者亦然。天子不仁，不保四海；諸侯不仁，不保社稷；卿大夫不仁，不保宗廟；士庶人不仁，不保四體；今惡死亡，而樂不仁，是猶惡醉而強酒。」(離婁上)

26. 孟子曰：「愛人不親反其仁；治人不治反其智；禮人不答反其敬；行有不得者，皆反求諸己；其身正而天下歸之。詩云，永言配命，自求多福。」(離婁上)

27. 孟子曰：「天下有道，小德役大德，小賢役大賢；天下無道，小役大，弱役強。斯二者天也。順天者存，逆天者亡。齊景公曰，既不能令，又不受命，是絕物也。涕出而女於吳。今也小國師大國而恥受命焉，是猶弟子而恥受命於先師也。如恥之，莫若師文王；師文王，大國五年，小國七年，必爲政於天下矣。詩云，商之孫子，其麗不億；上帝既命，侯于周服；侯服于周，天命靡常；殷士膚敏，裸將于京。孔子曰，仁不可爲眾也。夫國君好仁，天下無敵。今也，欲無敵於天下而不以仁，是猶執熱而不以濯也。詩云，誰能執熱，逝不以濯。」(離婁上)

28. 孟子曰：「不仁者可與言哉?安其危而利其菑，樂其所以亡者。不仁而可與言，則何亡國敗家之有。有孺子歌曰，滄浪之水清兮，可以濯我纓；滄浪之水濁兮，可以濯我足。孔子曰，小子聽之。清斯濯纓，濁斯濯足矣；自取之也。夫人必自侮，然後人侮之；家必自毀，而後人毀之；國必自伐，而後人伐之。太甲曰，天作孽，猶可違；自作孽，不可活；此之謂也。」(離婁上)

29. 孟子曰：「桀紂之失天下，失其民也；失其民者，失其心也。得天下有道，得其民，斯得天下矣；得其民有道，得其心，斯得民矣；得其心有道，所欲與之聚之，所惡勿施爾也。民之歸仁也，猶水之就下，獸之走壙也。故爲淵敺魚者，獺也；爲叢敺爵者，鸇也；爲湯武敺民者，桀與紂也。今天下之君有好仁者，則諸侯皆爲之敺矣；雖欲無王，不可得已。今之欲王者，猶七年之病，求三年之艾也；苟爲不畜，終身不得；苟不志於仁，終身憂辱，以陷於死亡。詩云，其何能淑，載胥及溺，此之謂也。」（離婁上）

30. 孟子曰：「自暴者，不可與有言也；自棄者，不可與有爲也。言非禮義，謂之自暴也；吾身不能居仁由義，謂之自棄也。仁，人之安宅也；義，人之正路也；曠安宅而弗居，舍正路而不由，哀哉。」（離婁上）

31. 孟子曰：「求也爲季氏宰，無能改於其德，而賦粟倍他日。孔子曰，求，非吾徒也，小子鳴鼓而攻之可也。由此觀之，君不行仁政而富之，皆棄於孔子者也，況於爲之強戰。爭地以戰，殺人盈野；爭城以戰，殺人盈城；此所謂率土地而食人肉，罪不容於死。故善戰者服上刑，連諸侯者次之，辟草萊任土地者次之。」（離婁上）

32. 孟子曰：「人不足與適也，政不足閒也；惟大人爲能格君心之非。君仁莫不仁，君義莫不義，君正莫不正，一正君而國定矣。」（離婁上）

33. 孟子曰：「仁之實，事親是也；義之實，從兄是也；智之實，知斯二者，弗去是也；禮之實，節文斯二者是也；樂之實，樂斯二者，樂則生矣；生則惡可已也；惡可已，則不知足之蹈之，手之舞之。」（離婁上）

34. 孟子曰：「君仁莫不仁，君義莫不義。」（離婁下）

35. 孟子曰：「人之所以異於禽獸者幾希，庶民去之，君子存之。舜明於庶物，察於人倫；由仁義行，非行仁義也。」（離婁下）

36. 孟子曰：「君子所以異於人者，以其存心也。君子以仁存心，以禮存心。仁者愛人，有禮者敬人。愛人者人恒愛之；敬人者人恒敬之。有人於此，其待我以橫逆，則君子必自反也，我必不仁也，必無禮也。此物奚宜至哉？其自反而仁矣，自反而有禮矣，其橫逆由是也。君子必自反也，我必不忠。自反而忠矣，其橫逆由是也。君子曰，此亦妄人也已矣。如此，則與禽獸奚擇哉？於禽獸又何難焉！是故君子有終身之憂，無一朝之患也。乃若所憂則有之。舜人也；我亦人也。舜為法於天下，可傳於後世，我由未免為鄉人也，是則可憂也。憂之如何，如舜而已矣。若夫君子所患則亡矣。非仁無為也，非禮無行也，如有一朝之患，則君子不患矣。」（離婁下）

37. 萬章問曰：「象日以殺舜為事，立為天子則放之，何也？」孟子曰：「封之也，或曰放焉！」萬章曰：「舜流共工于幽州，放驩兜于崇山，殺三苗于三危，殛鯀于羽山，四罪而天下咸服，誅不仁也。象至不仁，封之有庳，有庳之人奚罪焉？仁人固如是乎！在他人則誅之，在弟則封之。」曰：「仁人之如弟也，不藏怒焉，不宿怨焉，親愛之而已矣。親之欲其貴也，愛之欲其富也；封之有庳，富貴之也；身為天子，弟為匹夫，可謂親愛之乎？」「敢問或曰放者，何謂也？」曰：「象不得有為於其國。天子使吏治其國，而納其貢稅焉，故謂之放。豈得暴彼民哉？雖然，欲常常見之，故源源而來，不及貢以政接于有庳，此之謂

也。」（萬章上）

38. 萬章問曰：「人有言，至於禹而德衰，不傳於賢而傳於子，有諸？」孟子曰：「否，不然也。天與賢則與賢，天與子則與子。昔者，舜薦禹於天，十有七年，舜崩，三年之喪畢。禹避舜之子於陽城，天下之民從之；若堯崩之後，不從堯之子而從舜也。禹薦益於天，七年。禹崩，三年之喪畢。益避禹之子於箕山之陰，朝覲訟獄者，不之益而之啓，曰，吾君之子也，謳歌者不謳歌益而謳歌啓，曰，吾君之子也。丹朱之不肖，舜之子亦不肖。舜之相堯，禹之相舜也，歷年多，施澤於民久。啓賢，能敬承繼禹之道。益之相禹也，歷年少，施澤於民未久。舜禹益相去久遠，其子之賢不肖，皆天也，非人之所能爲也。莫之爲而爲者，天也；莫之致而至者，命也。匹夫而有天下者，德必若舜禹；而又有天子薦之者，故仲尼不有天下。繼世以有天下，天之所廢，必若桀紂者也；故益伊尹周公不有天下。伊尹相湯以王於天下。湯崩，太丁未立，外丙二年，仲壬四年。太甲顛覆湯之典刑；伊尹放之於桐，三年；太甲悔過，自怨自艾，於桐處仁遷義；三年，以聽伊尹之訓己也，復歸於亳。周公之不有天下，猶益之於夏，伊尹之於殷也。孔子曰，唐虞禪，夏后殷周繼，其義一也。」（萬章上）

39. 告子曰：「性，猶杞柳也；義，猶桮棬也；以人性爲仁義，猶以杞柳爲桮棬。」孟子曰：「子能順杞柳之性而以爲桮棬乎，將戕賊杞柳而後以爲桮棬也；如將戕賊杞柳以爲桮棬，則以將戕賊人以爲仁義與？率天下之人而禍仁義者，必子之言夫。」（告子上）

40. 告子曰：「食色，性也；仁，內也，非外也；義，外也，非內也。」孟子曰：「何以謂仁內義外也？」曰：「彼長而我長之，非有長於我也；猶彼白而我白之，從其白於外也，故謂之外也。」曰：「異於白馬之白也，無以異於白人之白也；不識長馬之長也，無以異於長人之長與？且謂長者義乎，長之者義乎？」曰：「吾弟則愛之，秦人之弟則不愛也，是以我爲悅者也，故謂之內。長楚人之長，亦長吾之長，是以長爲悅者也，故謂之外也。」曰：「耆秦人之炙，無以異於耆吾炙；夫物則亦有然者也；然則耆炙亦有外與？」（告子上）

41. 公都子曰：「告子曰，性無善無不善也。或曰，性可以爲善，可以爲不善，是故文武興，則民好善；幽厲興，則民好暴。或曰，有性善，有性不善；是故以堯爲君而有象，以瞽瞍爲父而有舜，以紂爲兄之子且以爲君，而有微子啓，王子比干。今曰性善，然則彼皆非與？」孟子曰：「乃若其情，則可以爲善矣，乃所謂善也；若夫爲不善，非才之罪也。惻隱之心，人皆有之；羞惡之心，人皆有之；恭敬之心，人皆有之；是非之心，人皆有之。惻隱之心，仁也；羞惡之心，義也；恭敬之心，禮也；是非之心，智也。仁義禮智，非由外鑠我也，我固有之也，弗思耳矣；故曰，求則得之，舍則失之。或相倍蓰而無算者，不能盡其才者也。詩曰，天生蒸民，有物有則，民之秉夷，好是懿德。孔子曰，爲此詩者，其知道乎，故有物必有則；民之秉夷也，故好是懿德。」（告子上）

42. 孟子曰：「牛山之木嘗美矣，以其郊於大國也，斧斤伐之，可以爲美乎！是其日夜之所息，雨露之所潤，非無萌蘖之生焉，牛羊又從而牧之，是以若彼濯濯也；人見其濯濯也，以爲未嘗有材焉，此豈山之性哉？雖存乎人者，豈無仁義之心哉？其所以放其良心者，亦猶斧斤之於木也，旦旦而伐之，可以爲美乎？其日夜之所息，平旦之氣，其好惡與人相近也者幾希；則其旦晝之所爲，有梏亡之矣。梏之反覆，則其夜氣不足以存；夜氣不足以存，則其違禽獸不遠矣。人見其禽獸也，而以爲未嘗有才焉，是豈人之情也。故苟得其養，無物不長，苟失其養，無物不消。孔子曰，操則存，舍則亡，出入無時，若知其鄉，惟心之謂與？」（告子上）

43. 孟子曰：「仁，人心也；義，人路也；舍其路而弗由，放其心而不知求，哀哉！人有雞犬放，則知求之，有放心而不知求，學問之道他，求其放心而已矣。」（告子上）

44. 孟子曰：「有天爵者，有人爵者。仁義忠信，樂善不倦，此天爵也；公卿大夫，此人爵也。古之人，修其天爵，而人爵從之。今之人，修其天爵，以要人爵，既得人爵，而棄其天爵，則惑之甚者也，終亦必亡而已矣。」（告子上）

45. 孟子曰：「欲貴者，人之同心也；人人有貴於己者，弗思耳。人之所貴者，非良貴也。趙孟之所貴，趙孟能賤之。詩云，既醉以酒，既飽以德，言飽乎仁義也；所以不願人之膏粱之味也；令聞廣譽施於身，所以不願人之文繡也。」（告子上）

46. 孟子曰：「仁之勝不仁也，猶水勝火。今之爲仁者，猶以一杯水，救一車薪之火也；不熄，則謂之水不勝火，此又與於不仁之甚者也，亦終必亡而已矣。」（告子上）

47. 孟子曰：「吾穀者，種之美者也；苟爲不熟，不如荑稗，夫仁亦在乎熟之而已矣。」（告子上）

48. 公孫丑問曰：「高子曰，小弁，小人之詩也。」孟子曰：「何以言之？」曰：「怨。」曰：「固哉！高叟之爲詩也。有人於此：越人關弓而射之，則己談笑而道之，無他，疏之也。

其兄關弓而射之，則己垂涕泣而道之，無他，戚之也。小弁之怨，親親也，親親仁也。固己夫高叟之爲詩也。曰：「凱風何以不怨？」曰：「凱風，親之過小者也，小弁，親之過大者也。親之過大而不怨，是愈疏也，親之過小而怨，是不可磯也，愈疏不孝也，不可磯亦不孝也。孔子曰，舜其至孝矣，五十而慕。」（告子下）

49. 宋牼將之楚，孟子遇於石丘。曰：「先生將何之？」曰：「吾聞秦楚構兵，我將見楚王，說而罷之。楚王不悅，我將見秦王，說而罷之。二王我將有所遇焉！」曰：「軻也，請無問其詳，願聞其指，說之將何如？」曰：「我將言其不利也。」曰：「先生之志則大矣，先生之號則不可。先生以利說秦楚之王，秦楚之王悅於利，以罷三軍之師，是三軍之士，樂罷而悅於利也。爲人臣者懷利以事其君，爲人子者，懷利以事其父，爲人弟者，懷利以事其兄。是君臣父子兄弟，終去仁義，懷利以相接，然而不亡者，未之有也。先生以仁義說秦楚之王、秦楚之王悅於仁義，而罷三軍之師，是三軍之士，樂罷而悅於仁義也。爲人臣者，懷仁義以事其君，爲人子者，懷仁義以事其父；爲人弟者，懷仁義以事其兄。是君臣父子兄弟，去利懷仁義以相接也；然而不王者，未之有也，何必曰利。」（告子下）

50. 淳于髡曰：「先名實者，爲人也；後名實者，自爲也。夫子在三卿之中，名實未加於上下而去之，仁者固如此乎？」孟子曰：「居下位，不以賢事不肖者，伯夷也。五就湯，五就桀者，伊尹也。不惡汙君，不辭小官者，柳下惠也。三子者，不同道，其趨一也。」「一者何也？」曰：「仁也，君子亦仁而已矣，何必同。」曰：「魯繆公之時，公儀子爲政，子柳子思爲臣，魯之削也滋甚！若是乎賢者之無益於國也？」曰：「虞不用百里奚而亡，秦穆公用之而霸；不用賢則亡，削何可得與？」曰：「昔者王豹處於淇，而河西善謳，緜駒處於高唐，而齊右善歌；華周杞梁之妻，善哭其夫，而變國俗。有諸內必形諸外，爲其事而無其功者，髡未嘗覩之也；是故無賢者也，有則髡必識之。」曰：「孔子爲魯司寇，不用；從而祭，燔肉不至，不稅冕而行；不知者以爲肉也，其知者以爲無禮也；乃孔子則欲以微罪行，不欲爲苟去。君子之所爲，眾人固不識也。」（告子下）

51. 魯欲使慎子爲將軍。孟子曰：「不教民而用之，謂之殃民；殃民者不容於堯舜之世；一戰勝齊，遂有南陽，然且不可。」慎子勃然不悅曰：「此則滑釐所不識也。」曰：「吾明告子。天子之地方千里；不千里不足以待諸侯。諸侯之地方百里，不百里不足以守宗廟之典籍。周公之封於魯，爲方百里也；地非不足，而儉於百里。太公之封於齊也，亦爲方百里也；地非不足也，而儉於百里。今魯方百里者五，子以爲有王者作，則魯在所損乎，在所益乎？徒取諸彼以與此，然且仁者不爲，況於殺人以求之乎？君子之事君也，務引其君以當道，志於仁而已矣。」（告子下）

52. 孟子曰：「今之事君者，曰，我能爲君辟土地，充府庫。今之所謂良臣，古之所謂民賊也。君不鄉道，不志於仁，而求富之，是富桀也。我能爲君約與國，戰必克。今之所謂良臣，古之所謂民賊也。君不鄉道，不志於仁，而求爲之強戰，是輔桀也。由今之道，無變今之俗，雖與之天下，不能一朝居也。」（告子下）

53. 白圭曰：「丹之治水也，愈於禹。」孟子曰：「子過矣。禹之治水，水之道也。是故禹以四海爲壑，今吾子以鄰國爲壑。水逆行謂之洚水。洚水者、洪水也，仁人之所惡也，吾子

過矣。」（告子下）

54. 孟子曰：「萬物皆備於我矣。反身而誠，樂莫大焉。強恕而行，求仁莫近焉。」（盡心上）

55. 孟子曰：「仁言不如仁聲之入人深也，善政不如善教之得民也；善政，民畏之，善教，民愛之；善政得民財，善教得民心。」（盡心上）

56. 孟子曰：「人之所不學而能者，其良能也，所不慮而知者，其良知也。孩提之童，無不知愛其親也；及其長也，無不知敬其兄也。親親，仁也；敬長，義也；無他，達之天下也。」（盡心上）

57. 孟子曰：「廣土眾民，君子欲之，所樂不存焉。中天下而立，定四海之民，君子樂之，所性不存焉。君子所性，雖大行不加焉，雖窮居不損焉，分定故也。君子所性，仁義禮智根於心，其生色也，睟然見於面，盎於背，施於四體，四體不言而喻。」（盡心上）

58. 孟子曰：「伯夷辟紂，居北海之濱，聞文王作，興曰，盍歸乎來，吾聞西伯善養老者。太公辟紂，居東海之濱，聞文王作，興曰，盍歸乎來，吾聞西伯善養老者。天下有善養老，則仁人以為己歸矣。五畝之宅，樹牆下以桑，匹婦蠶之，則老者足以衣帛矣。五母雞、二母彘，無失其時，老者足以無失肉矣。百畝之田，匹夫耕之，八口之家，可以無飢矣。所謂西伯善養老者，制其田里，教之樹畜，導其妻子，使養其老。五十非帛不煖，七十非肉不飽；不煖不飽，謂之凍餒。文王之民，無凍餒之老者，此之謂也。」（盡心上）

59. 孟子曰：「易其田疇，薄其稅斂，民可使富也。食之以時，用之以禮，財不可勝用也。民非水火不生活，昏暮叩人之門戶，求水火無弗與者，至足矣。聖人治天下，使有菽粟如水

火；菽粟如水火，而民焉有不仁者乎。」（盡心上）

60.王子墊問曰：「士何事？」孟子曰：「尙志。」曰：「何謂尙志？」曰：「仁義而已矣。殺一無罪，非仁也；非其有而取之，非義也。居惡在，仁是也；路惡在，義是也。居仁由義，大人之事備矣。」（盡心上）

61.孟子曰：「君子之於物也，愛之而弗仁；於民也，仁之而弗親。親親而仁民，仁民而愛物。」（盡心上）

62.孟子曰：「知者無不知也，當務之爲急；仁者無不愛也，急親賢之爲務。堯舜之知，而不偏物，急先務也；堯舜之仁，不偏愛人，急親賢也。不能三年之喪，而緦小功之察；放飯流歠，而問無齒決，是之謂不知務。」（盡心上）

63.孟子曰：「不仁哉，梁惠王也。仁者以其所愛，及其所不愛；不仁者以其所不愛，及其所愛。」公孫丑曰：「何謂也？」「梁惠王以土地之故，糜爛其民而戰之，大敗，將復之，恐不能勝，故驅其所愛子弟以殉之，是之謂以其所不愛，及其所愛也。」（盡心下）

64.孟子曰：「盡信書，則不如無書，吾於武成，取二三策而已矣。仁人無敵於天下。以至仁伐至不仁，而何其血之流杵也。」（盡心下）

65.孟子曰：「有人曰，我善爲陳，我善爲戰，大罪也。國君好仁，天下無敵焉。南面而征，北狄怨；東面而征，西夷怨；曰，奚爲後我。武王之伐殷也，革車三百兩，虎賁三千人。王曰，無畏，寧爾也，非敵百姓也，若崩厥角稽首。征之爲言正也，各欲正己也，焉用戰。」（盡心下）

66. 孟子曰：「不信仁賢，則國空虛；無禮義，則天下亂；無政事，則財用不足。」（盡心下）

67. 孟子曰：「不仁而得國者，有之矣；不仁而得天下，未之有也。」（盡心下）

68. 孟子曰：「仁也者，人也；合而言之，道也。」（盡心下）

69. 孟子曰：「口之於味也，目之於色也，耳之於聲也，鼻之於臭也，四肢之於安佚也，性也，有命焉，君子不謂性也。仁之於父子也，義之於君臣也，禮之於賓主也，智之於賢者也，聖人之於天道也，命也，有性焉，君子不謂命也。」（盡心下）

70. 孟子曰：「人皆有所不忍，達之於其所忍，仁也。人皆有所不爲，達之於其所爲，義也。人能充無欲害人之心，而仁不可勝用也；人能充無穿窬之心，而義不可勝用也；人能充無受爾汝之實，無所往而不爲義也。士未可以言而言，是以言餂之也；可以言而不言，是以不言餂之也，是皆穿窬之類也。」（盡心下）

國家圖書館出版品預行編目資料

孔孟仁學原論

周伯達著. — 初版. — 臺北市：臺灣學生，1999[民 88]
面：公分. —(濱聞哲學集刊；1)

ISBN 957-15-0953-1 (平裝)

1.論語 – 評論 –
2.孟子 – 評論 –

121.227 88004973

孔孟仁學原論（全一冊）

著作者：周伯達
出版者：臺灣學生書局
發行人：孫善治
發行所：臺灣學生書局
臺北市和平東路一段一九八號
郵政劃撥戶：〇〇〇二四六六八號
電話：(〇二)二三六三四一五六
傳真：(〇二)二三六三六三三四

本書局登記證字號：行政院新聞局局版北市業字第捌玖壹號

印刷所：宏輝彩色印刷公司
中和市永和路三六三巷四二號
電話：二二二六八八五三

定價：平裝新臺幣二二〇元

西元一九九九年四月初版

08904-1

ISBN 957-15- 0953-1(平裝)